UTB

W0395187

**Eine Arbeitsgemeinschaft der Verlage**

Böhlau Verlag · Wien · Köln · Weimar
Verlag Barbara Budrich · Opladen · Toronto
facultas.wuv · Wien
Wilhelm Fink · München
A. Francke Verlag · Tübingen und Basel
Haupt Verlag · Bern
Verlag Julius Klinkhardt · Bad Heilbrunn
Mohr Siebeck · Tübingen
Nomos Verlagsgesellschaft · Baden-Baden
Orell Füssli Verlag · Zürich
Ernst Reinhardt Verlag · München · Basel
Ferdinand Schöningh · Paderborn · München · Wien · Zürich
Eugen Ulmer Verlag · Stuttgart
UVK Verlagsgesellschaft · Konstanz, mit UVK/Lucius · München
Vandenhoeck & Ruprecht · Göttingen · Bristol
vdf Hochschulverlag AG an der ETH Zürich

Markus Krajewski

# Lesen Schreiben Denken

## Zur wissenschaftlichen Abschlussarbeit in 7 Schritten

BÖHLAU VERLAG KÖLN WEIMAR WIEN · 2013

Markus Krajewski: Kultur- und Medienhistoriker. Professuren in Weimar, Harvard, Lüneburg. Autor von *Der Diener. Mediengeschichte einer Figur zwischen König und Klient*, S. Fischer, Frankfurt am Main, 2010, von *Restlosigkeit. Weltprojekte um 1900*, S. Fischer, Frankfurt am Main, 2006, von *Zettelwirtschaft. Die Geburt der Kartei aus dem Geiste der Bibliothek*, Kulturverlag Kadmos, Berlin, 2002, sowie von der elektronischen Literaturverwaltung *Synapsen. Ein hypertextueller Zettelkasten*, <www.verzetteln.de/synapsen>.

Bibliografische Information der Deutschen Bibliothek:

Die Deutsche Nationalbibliothek verzeichnet diese Publikation in der Deutschen Nationalbibliografie; detaillierte bibliografische Daten sind im Internet über http://dnb.ddb.de abrufbar.

Online-Angebote oder elektronische Ausgaben sind erhältlich unter www.utb-shop.de.



Einbandgestaltung: Atelier Reichert, Stuttgart
Umschlagabbildung: Davidson, Herbert E. und W.E. Parker, *Classified illustrated catalog of the Library Bureau. A handbook of library and office fittings and supplies*, Library Bureau, Boston, 1894, S. 27.
Korrektorat: Harald S. Liehr, Weimar
Außenkorrektorat: Frank Schneider, Wuppertal
Satz: synpannier. Gestaltung & Wissenschaftskommunikation, Bielefeld
Druck und Bindung: AALEXX Buchproduktion GmbH, Großburgwedel
Gedruckt auf chlor- und säurefreiem Papier
Printed in Germany

UTB-Band-Nr. 3858 | ISBN 978-3-8252-3858-2

# Inhaltsverzeichnis

# Einleitung
# LSD ist alles, was man braucht

Lysergsäurediethylamid benötigt man *nicht* zum erfolgreichen Erstellen einer Abschlussarbeit. Zumindest nicht in jenen Disziplinen, die einer kulturwissenschaftlichen Methodik folgen. Von ihrem Einsatz sei sogar nachdrücklich abgeraten, auch wenn es noch vor wenigen Jahrzehnten einmal *en vogue* gewesen sein soll, die Lektüre von französischen Theorieklassikern durch die Einnahme von LSD zu neuen Wahrnehmungsebenen zu führen oder auf eine andere Bewusstseinsstufe zu heben. Doch *dieser* Stoff würde einem weitergehenden Verständnis der geisteswissenschaftlichen Methoden und bisweilen recht komplexen Theorieansätze vermutlich sogar entgegenwirken. Was jedoch umso notwendiger bleibt, um Material und Theorie, eine Idee und ihre konsequente wissenschaftliche Ausarbeitung erfolgreich zu bewältigen, ist die Beherrschung einiger elementarer Kulturtechniken wie Lesen, Schreiben und Denken. ‚Kann ich doch längst …', mag direkt Ihr Einwand sein, ‚und zwar schon seit der zweiten Grundschulklasse.' Sicher, aber nicht in der Form, die wissenschaftlichen Ansprüchen genügt. Denn das haben Sie erst in Ihrem Studium gelernt. Und allein diesen erfolgreichen Lernprozess zu dokumentieren und nachzuweisen, ist schließlich der vorrangige Zweck Ihrer Abschlussarbeit.

LSD und *LSD*

Dieses Buch will eine auffrischende Anleitung geben zum souveränen Gebrauch dieser grundlegenden Kulturtechniken, um Sie anhand von sieben schematisierten Arbeitsschritten Stück für Stück zu einer erfolgreichen Abschlussarbeit zu geleiten. Dabei gilt es, sich dem Gegenstand zunächst behutsam zu nähern, indem wir den Prozess der Ideenfindung etwas ausführlicher (um nicht zu sagen: ‚gelehrter') umkreisen, und zwar anhand von verschiedenen kulturhistorischen Szenarien, wie man Ideen generieren und kritisch überprüfen kann. Danach wird's dann im weiteren Verlauf zunehmend praktischer, wenngleich es auch hier nicht an Beispielen fehlen wird.

Von der Theorie und Geschichte zur Praxis

Auf den Schultern von Riesen

Eigentlich müsste dieses Buch gar nicht geschrieben werden, denn es gibt bereits eine ebenso umfassende wie humorvolle Sammlung von Ratschlägen auf die Frage, *wie man eine wissenschaftliche Abschlussarbeit* schreibt.[1] Die Lektüre von Umberto Ecos informativer Anleitung bringt jedoch zwei Schwierigkeiten mit sich: Zum einen ist sie trotz aller allgemeingültigen Hinweise sowohl von den Beispielen als auch vom akademischen Kontext her allzu sehr auf die italienischen Verhältnisse eingestellt. Zum anderen hat Eco diesen Text 1977 verfasst, also Jahre bevor er Romancier wurde und nahezu ebenso lange, bevor der Personal Computer unsere akademischen Schreibweisen von Grund auf verändert hat. Sein Text bezieht sich also gewissermaßen auf die Vormoderne der wissenschaftlichen Datenverarbeitung. Das vorliegende Buch möchte hingegen eine zeitgemäße Einführung anbieten, die den beiden genannten Schwierigkeiten entsprechend begegnet. Es ist einerseits stärker auf die deutschen akademischen Belange ausgerichtet und bezieht andererseits die Finessen und Vorteile einer rechnergestützten Forschungslandschaft, angefangen bei der Ideenfindung, über die Verarbeitung des gesammelten Materials mit geeigneter Software bis hin zur ästhetischen Formatierung Ihrer Ausarbeitung mit ein, und zwar in geraffter Form, einem Kochrezept oder Algorithmus nicht unähnlich, wie er auch beim Computer selbst zur Anwendung gelangt.

Arbeits-Algorithmus in 7 Schritten

Das Versprechen dieser kleinen Anleitung lautet, in sieben Schritten zum Ziel zu kommen. Was ist also alles erforderlich, um in einem vorgegebenen Zeitrahmen von vielleicht vier oder sechs Monaten, oder im Fall einer Promotion auch in vier (oder sechs) Jahren einen Text zu verfassen, den Ihre Gutachter möglicherweise so glänzend finden, dass sie ihn sogleich publizieren möchten? Entscheidend sind alle sieben Schritte, und zwar nahezu gleichzeitig. Wie das? Muss man nicht zunächst ein Thema haben, um gezielt danach zu recherchieren? Und

1 Vgl. Eco (1977 / 2010), das Genre der Einführung in das wissenschaftliche Arbeiten kennt natürlich ungleich mehr Texte als nur den von Eco. Allerdings fallen fast alle diese Texte dadurch auf, daß sie gerade nicht riesig sind. Als Ausnahmen zu diesem Verdikt, die zwischen onkelhaft, gewissenhaft und eingebildet rangieren, könnten gelten (in genau dieser Reihenfolge): Münch (2006); Franck und Stary (2011); Theisen (2011).

muss man nicht erst lesen, um sodann zu schreiben? Und ist es nicht erforderlich, eine Vielzahl von Exzerpten verzettelt zu haben, bevor man korrekt zitieren kann? Ja, keine Frage. Doch kein Thema findet sich, ohne dass man zuvor – und sei es ziellos – ein wenig recherchiert hat. Oftmals wird erst während der Niederschrift klar, wo eine weitergehende Lektüre noch Not tut. Genauso wie man gelegentlich erst zitiert, um die Belegstellen dann nachträglich in seinen Zettelkasten einzutragen. Mit anderen Worten, auch wenn das Buch eine algorithmische Vorgehensweise verspricht, kommt es zuweilen vor, dass man in der Praxis einen Schritt vorziehen muss, also erst das Dessert anrichtet, bevor der Schmorbraten köchelt, um letztlich ein stimmiges Menü zu servieren. Ähnlich einem Computer erfordert die wissenschaftliche Vorgehensweise daher, in Rekursionen zu arbeiten, das heißt im beständigen Vorgriff auf den Rückgriff. Nichtsdestotrotz lässt sich ein allgemeines Schema angeben, das in Teilschritten gelegentlich wechseln mag, prinzipiell jedoch alle unabdingbaren Elemente enthält, die es letztlich zu absolvieren gilt, um eine Arbeit irgendwann einreichen zu können.

Aufforderung zum Tanz: Die Schrittfolge

Unhintergehbarer Ausgangspunkt der Arbeit ist eine Idee. Ohne die geht es nicht. Und gut sollte sie natürlich auch sein. Der erste von sieben Schritten besteht also in der Themenfindung (Schritt 1, S. 15), im Sondieren und Erproben von unterschiedlichen Ideen und Fragestellungen, im Durchspielen von Hypothesen und der letztlichen Festlegung auf eine These. Diese gilt es dann, mit Material anzureichern, das heißt, der zweite Schritt besteht in einer umfassenden Recherche (Schritt 2, S. 31), und das heißt keineswegs, (nur) eine Internetsuchmaschine zu betätigen. Vielmehr bedeutet das, zielgenau auf das gesammelte Wissen des Abendlandes (und auch darüber hinaus) zu einem bestimmten Thema einzugehen und es ausfindig zu machen. Von der Recherche kaum zu trennen, weil sie zur spezifischeren Suche führt, ist unterdessen der dritte Schritt, die Lektüre (Schritt 3, S. 49). Hier kommt es zunehmend darauf an, *problemorientiert* zu lesen, also sich vom anfänglichen allgemeinen Überblick langsam in die subtileren Zweige und abgesonderten Spezialfragen eines Themenkomplexes hineinzuarbeiten. Während der ausschweifenden Lektüre zu Anfang gilt es, möglichst viel vom Gelesenen zu behalten und passgenau für die Arbeit vorzubereiten. Diese Technik gelangt im vierten Schritt zur Anwendung, bei der Verzettelung der Exzerpte (Schritt 4, S. 61), das heißt bei der softwaretechnischen Aufbereitung und analytischen Durchdringung des Materials. Sobald man hier den Eindruck hat, genügend Masse, und das heißt sowohl ausreichend Stoff als auch hinreichend viele und überzeugende Argumente und Teilthesen, angesammelt zu haben, kann man sich an den fünften Schritt, die Reinschrift oder das Abfassen der Arbeit begeben (Schritt 5, S. 73). In dieser Phase wird das zuvor entworfene Grundgerüst immer weiter verfeinert und in Kapiteln ausformuliert, sodass sich die Grundthese in ihren einzelnen Teilschritten argumentativ verfestigt und stabilisiert. Während der Reinschrift werden die einzelnen Argumente durch die zuvor erlesenen Texte untermauert, das heißt, die Exzerpte und Lesefrüchte aus Schritt 4 werden aus der Zitatensammlung punktgenau in die Argumentation eingewoben und mit den korrekten Belegstellen versehen (Schritt 6, S. 89). Nachdem sich die Argumentationskette so in eine stabile Form einrenkt und durch Einleitung und Resümée ergänzt worden ist, gilt es noch abschließend, dem Text eine typographisch ansprechende Erscheinungsweise zu geben, das heißt, ihn nach allen Regeln der Kunst zu formatieren (Schritt 7, S. 97). Danach kann die Arbeit zum Buchbinder gehen, um sie daraufhin der Prüfungsbehörde vorzulegen.

Sieben Schritte und *Lesen, Schreiben, Denken*: Der massive Einsatz von *LSD* und die gezielte Verwendung ausgewählter Werkzeuge und medialer Praktiken wie das passgenaue Zitieren und formschöne Formatieren Ihres Texts garantieren nahezu den Erfolg Ihres Vorhabens. Auf diese Weise wird es gelingen, eine Arbeit zu schreiben, die alle nötigen Anforderungen erfüllt. Zudem sollten Sie natürlich auf eine sorgfältige Anwendung der wissenschaftlichen Basiskategorien, das heißt einer beflissenen Berücksichtigung von Wahrheit, Objektivität und Genauigkeit, achten. Mit diesen Generaltugenden im Blick, gepaart mit einer guten Portion Fleiß und natürlich einer entsprechenden Ausdauer, sollte sich die Pflicht einer Abschlussarbeit, mit der man den Nachweis erbringt, die elementaren Kulturtechniken zu beherrschen, ohne größere Schwierigkeiten bewältigen lassen. Zumal man damit vorführt, in der Lage zu sein, ohne fremde Hilfe eine Argumentation zu entwickeln, die eine analytische Durchdringung und intensive Auseinandersetzung mit einer geisteswissenschaftlichen

Pflicht und Kür

Problemstellung erkennen lässt. So viel zur Pflicht. Die Kür allerdings setzt noch ein wenig mehr voraus, Originalität zum Beispiel. Denn womöglich ist Ihnen nicht nur an der Pflichtübung, sondern auch noch an einem überzeugenden Auftritt und dem damit verbundenen intellektuellen Glanz gelegen: Denn erst damit stellen Sie unter Beweis, dass Sie nicht nur die grundlegenden Standards beherrschen, sondern ein ambitionierteres Ziel verfolgen, indem Sie eigenständig einen originellen Gedankengang entwickeln, der nicht nur eine Paraphrase des Altbekannten bietet, sondern forschungstechnisches Neuland erschließt und zudem noch ebenso eingängig wie einleuchtend geschrieben ist.

Originalität?

Entscheidend ist dabei, sowohl eine tragfähige Idee als auch eine neue Argumentation zu entwickeln. Zur Kultivierung dessen lassen sich ein paar Tipps berücksichtigen (siehe Schritt 1, S. 15), sodass sich Ihr Text nicht bloß durch das Wiederkäuen längst bekannter Tatsachen (eben nicht:) auszeichnet. Denn eine noch so akkurate Wiedergabe dessen, was bereits in der Sekundärliteratur steht, kann man keinesfalls als eigenständige Forschungsleistung werten. Stattdessen gilt es, Ihren Text als einen Beitrag zur Mehrung des Wissens zu konzipieren, indem Sie tatsächlich etwas Neues beschreiben. – Und wie kann man nun den Originalitätsgrad abschätzen? Allen voran dadurch, dass Sie sich mit der Historie ihres Themas und auch den Fragetraditionen der zugehörigen Disziplin vertraut machen. Ohne genaue Kenntnis des Vorhandenen lässt sich nichts Neues schaffen. Im Fall der vorliegenden Problemstellung, wie man eine wissenschaftliche Abschlussarbeit schreibt, gälte es also beispielsweise, nicht allein aus Theorie und Praxis zu berichten, sondern auch einen Seitenblick darauf zu verwenden, wie diese Fragen in der Vergangenheit behandelt worden sind. Aus diesem Grund finden sich im weiteren Verlauf dieser Darstellung gelegentlich Zitate eingeschaltet, vorzugsweise aus einem der ersten wissenschaftlichen Ratgeber dieser Art von Leopold Fonck, der bereits vor gut 100 Jahren wesentliche Punkte herausgearbeitet hat, auf die es beim Verfassen einer Abschlussarbeit (immer noch) ankommt. Vor einem solchen historischen Hintergrund lässt sich sowohl in diesem Fall als auch in Ihrer eigenen Geschichte sodann klarer erkennen, ob Ihre Überlegungen und Antworten auf die Problemstellung eher schöpferisch, das heißt mit Neuigkeitswert, oder aber lediglich als Wiederholung des Altbekannten einzustufen sind. Und schließlich bleibt nicht zu vergessen: Es kommt auch darauf an, in welche Art der Geschichtsschreibung Sie Ihre Geschichte einkleiden, das heißt, die Narration, der Stil, der Einfallsreichtum, die Spannungskurve und die Sprachsensitivität Ihrer Darstellung entscheiden ebenfalls über den Grad der Originalität Ihrer Überlegungen.

Vor Ihnen liegt nun eine längere Phase am heimischen Schreibtisch oder aber, je nach Vorliebe, an einem geeigneten Arbeitsplatz in der Bibliothek, im Park oder einem Café. Damit befinden Sie sich in guter Gesellschaft. Zahllose Gelehrte arbeiten wie Sie, jetzt in diesem Augenblick und in früheren Zeiten. Gelehrsamkeit benötigt jedoch immer eine bestimmte Form der Ungestörtheit, um sich richtig vertiefen zu können. Minimieren Sie daher möglichst alle Ablenkungen. Mobiltelefon auf stumm schalten, Internet nur zur Recherche aktivieren, und für die täglichen Arbeitsphasen sollten Sie darauf achten, dass nichts und niemand Sie stören kann. Schon hat man sich eine Umgebung geschaffen, die sich nicht viel anders anfühlt als jene, die der frühneuzeitliche Gelehrte zu Hause, zum Beispiel Erasmus von Rotterdam 1528, zur gesteigerten Schaffenskraft empfahl: Seit „jeher haben berühmte Männer die Stille gesucht, wenn sie ein Werk der Unsterblichkeit schaffen wollten. […] Ich habe eine Studierstube im hintersten Winkel meines Hauses, mit dicken Mauern, doppelten Türen und Fenstern, alle Ritzen sind sorgfältig mit Gips und Pech verstopft, so daß selbst unter Tags kaum ein Lichtstrahl eindringen kann, und auch kein Laut, wenn er nicht besonders penetrant ist, wie etwa das Geschrei zankender Weiber oder der Krach, den die Handwerker machen.“ [2] Wenden Sie also alle möglichen oder historisch bewährten Taktiken an, um Ihre Sinne ganz auf das *LSD* zu konzentrieren.

Ungestört(-heit) schaffen

Wie überall wird auch der Schreibprozess selbst neben den willkommenen Hoch- auch einige Tiefphasen bereithalten. Jenseits des persönlichen Biorhythmus liegt das zumeist daran, dass den allermeisten Menschen Schreiben eine (kleine) Qual bedeutet, zumindest in dem jeweiligen Moment, wenn sie es ausüben. Oftmals realisiert man

2 Erasmus (1528/1995), S. 31 ff. Siehe dazu auch Algazi (2005), S. 331, zur Figur des Gelehrten vgl. insgesamt Klenz (1919).

jedoch erst rückblickend, wie viel Freude und Genugtuung selbst in den quälerischen Augenblicken diese Tätigkeit eigentlich bereitet hat. Das Wichtigste in jenen Momenten, wenn es eher zäh als liquide läuft, besteht darin, eine gewisse Ausdauer aufzubieten, um den Augenblick des Zweifels zu überstehen. Der Vergleich zum Sport liegt dabei nahe: Man könnte beispielsweise an den *Iron Man* im Triathlon denken, wo nach 3,86 km Schwimmen und einer Radtour von 180,2 km noch ein Marathonlauf wartet – nota bene, alles an einem Tag, und möglichst unter acht Stunden. Vor allem aber sollte man nie an Jürgen Hingsen denken,[3] der sich 1988 bei den Olympischen Spielen in Seoul infolge seiner Ungeduld mit offiziell drei Fehlstarts bereits beim 100 m-Lauf für den Rest seines Zehnkampfs disqualifizierte.

Lob der Ausdauer

Abschließend noch zwei (Nach-)Sätze, zum einen zum idealen Leser dieses Texts, zum anderen zum richtigen Zeitpunkt der Lektüre. Wenn Sie bereits mittendrin sind in Ihrer Arbeit, kommt die Lektüre dieses Buchs strenggenommen schon zu spät. Man könnte überlegen, das Buch an jemanden zu verschenken, der die Ausarbeitung noch vor sich hat. Oder aber Sie blättern gleich zu den Seiten, die von besonderem Interesse sind. Schon aus diesem Grund verfügt das Buch über ein Register.

Bester Zeitpunkt dieser Lektüre: Vorher!

Anders als ein Großteil der marktüblichen Einführungen in das wissenschaftliche Arbeiten richtet sich dieses Buch nicht an Studierende einer spezifischen Fachrichtung, sondern versucht vielmehr, auf die allgemeinen Probleme einer im weitesten Sinne kulturwissenschaftlichen Abschlussarbeit einzugehen.[4] Die im weiteren Verlauf ange-

---

3 Sofern man nicht gerade Sportgeschichte oder Kommunikationswissenschaften studiert, wird einem dieser Ausnahmeathlet vermutlich unbekannt sein; ein Klick auf www.faz.net/frankfurter-allgemeine-zeitung/juergen-hingsen-vier-fehlstarts-und-die-flucht-vor-den-fragen-1159692.html mag einen Eindruck vermitteln.

4 Für fachspezifischere Detailfragen, etwa für Germanisten, Juristen oder Sozialwissenschaftler, böte sich dann die Konsultation eines speziellen Ratgebers an, der etwa die Überwindung der Hürden beim Zugang zur aktuellen elektronischen Ausgabe beispielsweise des Eppelsheimer-Köttelwesch beschreiben würde, vgl. für die Geschichte etwa Eder et al. (2006) oder für die Germanistik Meyer-Krentler und Moennighoff (2012).

führten Beispiele stammen zwar aus meinem eigenen Erfahrungs- und Arbeitsbereich der Kultur- und Mediengeschichte und sind dementsprechend historisch grundiert, sie versuchen jedoch von den Idiosynkrasien einer jeweiligen Fachkultur zu abstrahieren. Zugleich richtet sich das Buch an interessierte, neugierige und ehrgeizige Studierende, die nicht unbedingt noch einmal erklärt bekommen wollen, dass die Universitätsbibliothek eine eigene Internetrepräsentanz besitzt.[5] – Doch nun genug der Vorrede. Hinein in die Dinge.

5 Vgl. etwa Charbel (2008), S. 46.

# Schritt 1
# Themenfindung

"All work and no play makes Jack a dull boy."
Stephen King, *Shining*

« l'idée vient en parlant.»
Heinrich von Kleist, *Über die allmähliche Verfertigung der Gedanken beim Reden*

Die besten Themen finden sich beiläufig. Zwar mag für manche ein besonderer Reiz darin bestehen, längere Zeit auf leere Seiten zu stieren,[6] verbunden mit der Hoffnung, dass sich der ersehnte Moment von Inspiration irgendwann einstellen möge. Doch auch jenseits dieser vermutlich wenig hilfreichen Strategie, die nur allzu oft in der berüchtigten *Schreibblockade* oder in der Wiederholung des Altbekannten und Immergleichen ("all work and no play ...") endet, lassen sich Wege ausmachen, um zu neuen oder anderen Ideen zu gelangen. Auf die zentrale Frage, wie ein geeignetes Arbeitsfeld und ergiebiges Thema zu sondieren und zu erschließen sei, das es im Rahmen der Abschlussarbeit zu bewältigen gilt, gibt es naturgemäß viele Antworten. Vielleicht wird einem die länger schon verzweifelt gesuchte Forschungsfrage bei der Lektüre eines Aufsatzes oder einschlägigen Fachbuchs unvermittelt klar, sei es, dass ein Autor in einer Fußnote auf eine noch bestehende Forschungslücke hinweist, sei es, dass man bei einem eher rätselhaften – oder auch bei einem allzu einleuchtenden – Satz ins Stocken gerät. Denn ein ganz harmloser Nebensatz vermag sich gelegentlich derart querzustellen oder unbewusst zu verankern, dass er zu weiteren Überlegungen verleitet, welche sich dann wiederum zu einer eigenen

Strategien der Ideenfindung

6 Zum Problem der weißen Seite und ihrer Materialität siehe auch Macho (2003).

Idee verdichten. Vielleicht fällt Ihnen ein vielversprechender Ansatz ganz unvermittelt in einem Gespräch mit einem Verwandten ein, der immer schon einmal wissen wollte, was sich hinter Ihrem Studium eigentlich verbirgt und welche Themen und Fragestellungen dort eine Rolle spielen. Während das Unbewusste noch nach einer geeigneten Replik auf die leicht provokante, vielleicht sogar abschätzige Bemerkung des Gegenübers sucht, taucht plötzlich – inspiriert vom abwartenden Blick des Dialogpartners[7] – eine Gedankenkonstellation auf, von der man in diesem Moment schon weiß, dass es ihr nachzugehen lohnt. Zugegeben, diese beiden Szenarien zählen eher zu den selteneren Vorkommnissen, sind dafür jedoch zuweilen umso ergiebiger.

Muskelfeste oder Sitzfleisch

Die besten Themen finden sich jedoch fußläufig. Zumindest, wenn man Friedrich Nietzsche Glauben schenken möchte, der auf ausgedehnten Spaziergängen in Sils Maria und anderswo seine erquickliche Ideenproduktion betrieb: „So wenig als möglich sitzen; keinem Gedanken Glauben schenken, der nicht im Freien geboren ist und bei freier Bewegung – in dem nicht auch die Muskeln ein Fest feiern",[8] schreibt er als Antwort auf die selbstgestellte Frage, *Warum ich so klug bin*. Die Güte der Gedanken scheint demnach nicht nur von der inneren Beweglichkeit abzuhängen, sondern auch von äußerer Bewegung. Doch auch diese Erkenntnisfindungsform kennt eine Gegenstrategie, kein Modell kommt schließlich aus ohne Gegenmodell: „Phantasie habe ich keine, nicht die geringste. [...] Ich kann mir nichts vorstellen. Ich habe auch keine Ideen. Ich warte, bis etwas an mir vorbeikommt."[9] Statt loszuwandern, also lieber sitzen bleiben. Abwarten. Auch wenn Heiner Müller ausdrücklich bemerkt, dass nicht er seinen Gegenstand passiert, sondern der Gegenstand eher ihn – oder ihm – passiert, so haben beide Suchformen nach dem guten Gedanken, die nietzscheanische wie die müllersche, eines gemeinsam: Beide Weisen, einem künftigen Text nachzuspüren, setzen unweigerlich auf Geduld und vor allem auf Muße. Ob nun die Muskeln ein Fest feiern oder

---

7 Vgl. dazu Kleist (1805/2001), S. 319 ff.

8 Nietzsche (1889), S. 281, gleich darauf folgen noch seine Antworten auf die These *Warum ich so gute Bücher schreibe*.

9 Müller (1998), S. 162.

aber das Sitzfleisch sich eher festigt als lockert, in beiden Fällen geht es ausschließlich darum, eine bestimmte Empfänglichkeit oder angeregte Gestimmtheit herbeizuführen, die den Nährboden bietet für die fruchtbare Saat, Entwicklung und Erziehung zunächst nur einer Vermutung. Diese Hypothese sollte sich sodann im weiteren Rechercheverlauf nach einigen kritischen Überprüfungen und Kontrastierungen mit Gegenvermutungen zu einer belastbaren These und im Text selbst zu einer hieb- und stichfesten Argumentation entwickeln.

Nicht selten allerdings entstehen tragfähige Ideen zur Ausarbeitung einer wissenschaftlichen Abschlussarbeit nicht nur in der ruhigen Zurückgezogenheit der eigenen Schreibstube, sondern auch im Dialog mit möglichen Betreuern der Arbeit, häufig auch im zwanglosen Gespräch mit Kommilitonen und Freunden über die vergangene Vorlesung oder Seminarsitzung. Hier wie dort gilt es naturgemäß, gleichermaßen wachsam zu sein für die unscheinbaren Eindrücke, aufmerksam für das Unbekannte und neugierig auf das Absonderliche.

Kaffeesatzlesen

Ein Beispiel: Man könnte sich etwa fragen, sofern man ein kulturgeschichtliches Interesse pflegt, sich aber zugleich auch für die Entwicklung der Neuen Medien, insbesondere für Computer interessiert, wie es um die historische Genese von Computersprachen steht. Mit diesem Grundinteresse bewegt man sich jeden Tag am eigenen Bildschirm über die gleichen Schaltflächen und Knöpfe, startet immer wieder dieselben Programme, ohne dabei an jene Vorgänge zu denken, die dazu geführt haben, dass man diese Programme so und nicht anders bedienen kann. Gelegentlich laufen die Prozesse auch schief. Dann starrt man – wie Jack, the dull boy, auf eine weiße Seite – auf ein Programmsymbol, das *partout* nicht starten will. Und man beginnt, noch abwartend, sich zu wundern, warum das ‚Ikon' des Programms nicht nur eine ‚Ikone' sein soll, wie der Name verheißt. Vielleicht fragt man sich dann ebenso, warum das Ikon eine dampfende Kaffeetasse abbildet. Die erste, recht einfache Erklärung liegt darin, dass das Programm selbst in der Programmiersprache *JAVA* geschrieben ist und deren programmtechnische Metaphorik und Ikonographie nun einmal – wegen der guten Bohnen von der indonesischen Insel – auf Kaffee setzt. Wenn man sich mit dieser Erklärung jedoch nicht gleich zufrieden gibt, sondern ein wenig weiterfragt, etwa warum eine Programmiersprache nun ausgerechnet das Bildfeld des Kaffees herbeizitiert, kann man rasch weitere Vermutungen aufstellen, die als Arbeitshypothesen der weiteren Recherche und Analyse bedürfen. So ließe sich die Frage beispielsweise mit dem Umstand erklären, dass Kaffee offenkundig das konkurrenzlose Lieblingsgetränk von Programmierern ist, was sich problemlos mit zahllosen Hinweisen aus Programminstallationsroutinen belegen ließe.[10] Diese fordern den Benutzer nämlich stets auf, während ein Installationsprozess längere Zeit in Anspruch zu nehmen droht, sich erst einmal einen Kaffee zu kochen. Eine solche allererste Hypothese mag plausibel klingen, ein höherer Erklärungswert kommt ihr dadurch allerdings noch nicht zu.

Erste Hypothese

Warum die Programmiersprache *JAVA* so konsequent auf eine Kaffee-Metaphorik setzt, könnte ja auch weiterreichende Gründe haben, die sich möglicherweise in der Geschichte des Genussmittels selbst auffinden lassen. Die zweite Arbeitshypothese würde dementsprechend nach Indizien in der weltweiten Wirtschaftsgeschichte suchen, die konkret mit der Einführung des Kaffees in Europa und Nordamerika zusammenhinge. Man müsste derweil nicht lange stöbern, um auf die *Vereinigte Ostindische Kompagnie* (*V. O. C.*) zu stoßen, die erste Aktiengesellschaft der Weltgeschichte von 1602, deren koloniale Ausfahrten von Holland nach Indonesien den Europäern den Kaffee und der Gesellschaft selbst unverhofft hohe Gewinne bescherten. Die Hypothese, die sich sodann mit den Fakten der Wirtschaftsgeschichte der *V. O. C.* und der Entwicklungsgeschichte der Programmiersprache *JAVA* durch die Firma *Sun Microsystems* ab 1995 abgleichen ließe, würde sich infolge der Indizien und Ereignisse zu einer belastbaren These verdichten lassen: Die Aktiengesellschaft *Sun* entwickelt die Programmiersprache *JAVA* nach dem historischen Vorbild der *V. O. C.* vor allem auf der Basis eines Netzwerks (hier: des Internets), nicht zuletzt um sich damit ein ehrgeiziges Geschäftsziel zu setzen, deren Profite dem weltweit operierenden, holländischen Unternehmen aus dem 17. Jahrhundert mit seinem Netzwerk (hier: aus Schiffslinien über die Weltmeere)

Eine zweite, bessere Hypothese

10 Man blättere dazu einfach durch Readme-Dateien, wie sie noch heute den meisten Unix-Programmen beiliegen, vgl. dazu auch Meerhoff (2011).

in nichts nachstehen sollte.[11] Hier wie dort, in kalifornischen Softwareschmieden sowie in kulturwissenschaftlichen Schreibstuben, kann eine Tasse frischen, dampfenden Kaffees inspirierend wirken.

Vergesslichkeit ist eine Tugend, aber eben auch ein Problem. Für die wissenschaftliche Ideenfindung, die gerne in der Badewanne (Archimedes), beim Blick aus Straßenbahnfenstern oder auf verschlungenen Bergpfaden im Oberengadin geschieht, sollte man es sich daher zur Gewohnheit machen, die Einfälle möglichst umgehend aufzuschreiben. „Als ich das Christusalter von 33 Jahren erreichte, guckte ich meinen Zettelkasten an und stellte fest, wie viele Themen ich angesammelt hatte, über die ich noch schreiben wollte. Aber dieses Leben reicht dafür nicht. Alle Farben, die der Mond in der Lyrik je bekommen hat, sind da zum Beispiel aufgeführt, auf orangenen DIN-A6-Zetteln",[12] bemerkt Friedrich Kittler auf die Frage nach der effizienten Verzeichnung des Gedachten. Gute Themen lassen sich also auch dadurch erproben und sondieren, dass man sie in einem Zettelkasten ablegt und beizeiten wieder hervorzieht, um zu prüfen, ob sie zur weiteren Ausarbeitung taugen. Damit klingt auch schon eine Strategie an, die sich über längere Zeiträume betrachtet zu einem zuverlässigen Ideengeber entwickeln kann, insbesondere wenn es darum geht, neue wissenschaftliche Argumentationswege zu entwerfen. Das Verzetteln der Ideen ist eine bewährte Strategie,[13] wovon das Kapitel 4 (ab Seite 61) im Detail handeln wird. Auch

Ideenspeicher

11 Die Details einer solchen These und die einzelnen Stützpfeiler für das Argument lassen sich nachlesen in Krajewski (2003).

12 Rosenfelder und Kittler (2011), o. S.

13 Nebenbei bemerkt: Wenn dieser Abschnitt mit Zitaten von Gelehrten garniert wird, die über ihre Ideenfindung schreiben, so soll damit – ganz nebenbei – ein Eindruck vermittelt werden von der Vielfalt an Möglichkeiten, die eigene Introspektion in Ideen zu betreiben. Angesprochen sind hier jedoch vor allem die überzeitlichen Praktiken der Gelehrsamkeit, weniger die gerade in den letzten Jahrzehnten aufblühenden Methoden, die sich unter dem Begriff der ‚Kreativitätstechniken' (http://de.wikipedia.org/wiki/Kreativittstechniken) also ‚Mind-Mapping', ‚Brainstorming' und wie sie alle auf gut Denglisch heißen, in den üblichen Online-Quellen nachlesen lassen.

die Geistesgrößen (ob sie nun Gottfried Wilhelm Leibniz heißen und im Barock wirkten oder Namen tragen wie Umberto Eco oder Niklas Luhmann und mit der elektronischen Ära der Datenverarbeitung konfrontiert sind) kommen, so viel sei schon gesagt, kaum ohne solche Maßnahmen aus.

„Man muß zielbewußt Umschau halten und zusehen, auf welchem Teile eines Gebietes, auf dem wir unsere Kräfte erproben können, es noch eigene und neue Arbeit zu leisten gibt im Dienste der Wahrheit."[14] So seltsam dieser Satz aufgrund seiner etwas altertümlichen Formulierung auf den ersten Blick erscheinen mag, so hilfreich und wahr bleibt er. Seine besondere Gültigkeit erweist sich während der ersten Sondierungen eines Gebiets, nachdem man sich frühe Ideen für ein geeignetes Thema durch den Kopf hat gehen lassen. Wichtig ist einerseits die Übersicht, die man sich dabei über das zu erforschende Gebiet allmählich verschafft, damit man das Rad nicht zweimal erfindet. Zudem ist es ebenso von großer Bedeutung, die eigenen Kräfte richtig einzuschätzen, auch wenn sich das eigentlich von selbst versteht. Also, wenn man sich beispielsweise vornimmt, die Wirkung des Hexameters auf die byzantinische Bukolik zu ergründen, ohne über eine gewisse Geläufigkeit in Latein, Altgriechisch und (Vor-) Studien in Byzantinistik zu verfügen, wäre dieses Unterfangen nicht einmal kühn zu nennen, sondern vermessen. Andererseits ist es gleichermaßen entscheidend, der eigenen Arbeit tatsächlich einen neuen Aspekt im Themenfeld abzuringen, auch wenn vieles schon gesagt erscheint. Ein anderer früher Ratgeber, Ernst Bernheim, erkennt darin ein Paradox, „daß auf denjenigen Gebieten am wenigsten gearbeitet wird, wo noch am meisten zu tun ist".[15] Dabei kann es gelegentlich ratsam sein, die Hauptströmungen des Fachs zu meiden, um verstärkt in den Randbereichen zu suchen, natürlich ohne sich dabei auf Verstiegenes zu kaprizieren. Und schließlich bleibt an Foncks Satz noch hervorzuheben, dass der Dienst an der Wahrheit wirklich ernst zu nehmen ist; das heißt, dass Redlichkeit und die Berücksichtigung der üblichen (aristotelischen) Logik selbstverständlich Anwendung fin-

Einschätzung der eigenen Kräfte

14 Fonck (1908), S. 106.

15 Bernheim (1889/1914), S. 254.

den, Surrealismus und Fiktives außen vor bleiben. Plagiate hingegen disqualifizieren sofort.[16]

Ein weiterer wichtiger Aspekt, der im Vorfeld der Studie Berücksichtigung finden sollte, besteht in der Quellenlage beziehungsweise in der Zugänglichkeit des Materials und der Erreichbarkeit von Hilfsmitteln. Wenn man, um beim oben erwähnten Beispiel zu bleiben, den Zusammenhang zwischen der Kaffeemetaphorik der Programmiersprache *JAVA* und der ersten Aktiengesellschaft der Weltgeschichte, der *Vereinigten Ostindischen Kompagnie* (*V. O. C.*) untersuchen möchte, so hilft dabei einerseits zunächst das Internet mit den dort zugänglichen Beschreibungen zur Entstehung von *JAVA* weiter. Aber das ist freilich nur der eine Teil. Um weitergehende Informationen zur Wirtschaftsgeschichte der *V. O. C.* für den anderen Teil zu bekommen, muss man wenigstens eine Bibliothek mit ökonomiehistorischen Beständen konsultieren oder – im besten Falle – gar nach Amsterdam reisen, um die Akten der Gesellschaft und der beteiligten Personen aus dem 17. Jahrhundert ebenso einzusehen wie Aussagen der *JAVA*-Entwickler, was wiederum eine Reise ins Silicon Valley sowie in das entsprechende Archiv der Stanford University notwendig machen würde. Es bleibt also im Vorfeld stets zu planen, welche Besuche von Archiven oder Bibliotheken in fremden Städten notwendig und erschwinglich sind, oder aber ob die Sammlung der Universitäts-Bibliothek vor Ort inkl. möglicher Fernleihen ausreicht.

Klärung der Materiallage

Noch während Sie in den ersten sondierenden Überlegungen nebenbei die Stofflage klären,[17] kristallisieren sich bei den geistigen Probebohrungen ins Material langsam so etwas wie erste Forschungs*fragen* heraus. In diesem Stadium der Arbeit ist es durchaus wichtig, tatsächlich mehrere Fragen zu verfolgen, die später noch (aus-)sortiert, zu einigen wenigen Hypothesen gebündelt und schließlich zu *einer* maßgeblichen Forschungsfrage sowie einer Leitthese verdichtet werden. „Damit aber ein wahrer Fortschritt erzielt werde, muß die Frage metho-

Angemessene Theorien

16 Hier reicht es inzwischen, einen einzigen Namen zu nennen: Der Fall von KT von und zu Guttenberg. Zu weiteren Hinweisen zum *richtigen* Zitieren siehe auch den entsprechenden Abschnitt ab Seite 89 dieser Anleitung.

17 Wie genau Sie bei dieser Recherche vorgehen können, möchte der folgende Abschnitt ab Seite 31 klären.

disch richtig gestellt werden unter systematischer Berücksichtigung der schon geleisteten und der noch zu leistenden Arbeit auf irgendeinem Gebiete." [18] Was nichts anderes bedeutet, als dass sowohl die anzuwendenden Methoden als auch das Theoriedesign der Arbeit insgesamt dem Gegenstand angemessen sein müssen. Demnach ergibt es wenig Sinn, sich mit den Methoden der empirischen Sozialforschung, also mit statistischen Analysen, Befragungen usw. einen fundamentalontologischen Text wie *Sein und Zeit* vorzunehmen. Aber auch auf einer subtileren Ebene wäre es zu überlegen, ob man beispielsweise einen literarischen Text einer triftigen Analyse unter Mitwirkung von drei konkurrierenden Großtheorien unterziehen sollte. Das führt dann zu dem eher fragwürdigen Fall, dass etwa im Abschnitt zur Figurenkonstellation der *Wahlverwandtschaften* ein Fußnotenapparat mobilisiert wird, der auf einer einzigen Seite Theoreme von Jacques Lacan, Niklas Luhmann und Paul de Man durcheinanderwirbelt. Das ist nicht nur schlechter Stil, sondern verspricht keinerlei Erkenntnisgewinn. Sofern Ihnen die beste aller möglichen Methoden nicht unmittelbar selbst vor Augen steht, kann hier möglicherweise das Gespräch mit den Betreuern der Arbeit weiterhelfen.

Wenn Fonck von der ‚systematische[n] Berücksichtigung der schon geleisteten und der noch zu leistenden Arbeit' spricht, heißt das für Sie konkret, zunächst zwei Hilfstexte vorzubereiten, eine Synopse (über das bereits Vorhandene) und ein Exposé (für Ihren künftigen Text). Die Synopse enthält eine Übersicht über den gegenwärtigen Forschungsstand zu dem von Ihnen ins Auge gefassten Gegenstand oder Problem. Angenommen Sie interessieren sich für die Geschichte des Briefs, so gilt es zunächst, die Standardwerke für das Gebiet ausfindig zu machen, also in diesem Fall etwa Steinhausen (1889) und auch die gleichsam hauseigene Darstellung des deutschen Generalpostmeisters Heinrich von Stephan (1859). Sodann ist es ratsam, nach jüngeren Aufsätzen zum Thema in Zeitschriften, Jahrbüchern und Sammelbänden zu fahnden, weil diese den von den Standardwerken festgehaltenen Wissensstand für gewöhnlich aktualisieren. Das Ergebnis der Synopse wäre dann eine kommentierte

Synopse

18 Fonck (1908), S. 107.

Bibliographie,[19] in der die wichtigsten Monographien und Artikel zum Thema sowie einige verwandte Aufsätze und schließlich ein paar wenige, wenngleich abseitigere, so doch spannende Texte aufgelistet werden, die für Ihre weitere Ausarbeitung Funken zu schlagen versprechen. Um diese Synopse, die als erste Materialsammlung dient, zu erstellen, ist es erforderlich, einen lesetechnischen Spagat zu üben: Einerseits müssen Sie breit lesen, also weit verstreutes, heterogenes Material entdecken. Andererseits gilt es bereits, die Lektüre zu fokussieren auf Ihre im Moment noch unscharfe, weiter herauszukristallisierende Forschungsfrage.

Exposé

Während die Synopse also die Arbeit anderer Autoren versammelt, strukturiert das Exposé bereits in einem ersten Schritt den eigenen zukünftigen Schreibprozess. Die darin zu erörternden Punkte umfassen üblicherweise eine Skizze der (1) *Problemstellung*, das heißt eine bereits möglichst konkret formulierte *Forschungsfrage* und – idealerweise – bereits die Leitthese der zu entwickelnden Argumentation, (2) einige feiner gefasste *Arbeitshypothesen* sowie den *Fokus* der geplanten Untersuchung, des Weiteren (3) Hinweise zum *Material*, also wo sich bestimmte Quellen befinden, welche Archive konsultiert werden sollen etc., sowie (4) eine kurze Skizze der anzuwendenden *Methoden* und Theorien. Darüber hinaus sollten Sie (5) einen ungefähren Zeitplan aufstellen sowie die bereits erarbeitete Synopse zum Forschungsstand einflechten. Kurzum, das Exposé ist bereits Ihre Arbeit *in nuce*. Und es ist ein *subject to change*, sprich, äußerst selten nur ähneln die fertiggestellten Arbeiten am Ende noch ihren anfänglichen Exposés. Aber das zeugt nur von dem zwischenzeitlich erfolgten Erkenntnisgewinn. Denn wer weiß schon im Vorhinein genau, wohin ihn die Fährnisse des Forschungsprozesses führen?

Das Exposé ist schon deshalb eine kaum zu überschätzende Hilfe, weil es gleich zu zweierlei dient. Einerseits hilft es Ihnen, anderenorts die Türen zu öffnen, sei es bei Archivbesuchen, Vorstellungsgesprächen,

19 Im Gegensatz zu dem Literaturverzeichnis am Ende Ihrer Arbeit, in dem alle für die Entstehung des Texts verwendeten Schriften ausnahmslos aufgelistet werden, befasst sich eine Bibliographie *systematisch* mit einem Thema, zu dem es alle relevanten Schriften aufführt, gegebenenfalls nach Unterthemen oder einzelnen Kriterien sortiert und kurz kommentiert.

Verlagsverhandlungen oder auf dem Weg zu Finanzierungsmöglichkeiten Ihrer Arbeit (etwa Dissertationsstipendien, aber auch für BA- oder MA-Arbeiten gibt es inzwischen immer häufiger Förderungsmöglichkeiten). Andererseits öffnet ein gutes Exposé auch Türen im eigenen Kopf, weil es durch die schriftliche Ausarbeitung Klarheit in die eigenen (Vor-)Überlegungen bringt. Denn im Exposé kommen Sie nicht darum herum, das Material, die Leitthese, Ihre Methode und die zu verwendenden Theorien ausdrücklich zu benennen und hinzuschreiben.

Fragen statt Ideen

Entscheidend bei der Erarbeitung des Exposés bleibt jedoch, dass man bereits viel Aufmerksamkeit darauf verwendet, eine Forschungs*frage* zu entwickeln und nicht bloß eine Idee zu verfolgen. Dazu ist es ratsam, mit sich selbst in einen ständigen Dialog zu treten, eine möglichst präzise Ausformung der Forschungsfrage zu gewinnen, die man während der Recherche dann immer weiter verfeinert und differenziert. Die „Forderung einer genauen und bestimmten *Frage*stellung gilt für alle Gebiete der wissenschaftlichen Arbeit“.[20] Wenn man sich beispielsweise – und sei es aus lauter Langeweile – für die Institution des Wartesaals zu interessieren beginnt, so wäre das eine erste Idee zu einem Thema, aber bei weitem noch keine Forschungsfrage. Eine solche ergibt sich erst nach einigen spezifischen Eingrenzungen und Festlegungen. So könnte man eine empirische Untersuchung angehen, die das zunehmende Verschwinden des Wartesaals als technisches Bauwerk auf Bahnhöfen aus einer ökonomischen, soziologischen oder architektonischen Perspektive in den Blick nimmt. Die darin bereits implizit enthaltene Hypothese wäre: Es gibt sie kaum noch, die Wartesäle als soziale Kreuzungspunkte der Moderne. Schließlich dreht sich die Arbeit nicht um die Lounge an Flughäfen, die als ein Substitut dieser klassischen Institution zu verstehen wäre. Oder, wenn man eine Analyse des Wartesaals in seiner motivischen Verwendung in Philosophie und Literatur plant, so wäre das eine Idee zu nennen, aber einmal mehr noch keine hinreichend belastbare Forschungsfrage. Diese ließe sich erst kondensieren, wenn man sich über den Wandel (oder aber die überzeitliche Dauer) dieses Motivs nach einer entsprechenden

20 Fonck (1908), S. 106.

Materialsichtung klarer geworden ist. Eine mögliche Forschungsfrage könnte sodann vielleicht danach suchen, wie sich die Funktion und Beschreibung des Wartesaals in Literatur und Philosophie zwischen dem Eisenbahnzeitalter und gegenwärtigen Reiseformen verändert. Und die entsprechende Leitthese wäre dann etwa: Die zunehmende Komplexität des modernen Reisens lässt den Wartesaal allmählich verschwinden und mit ihm eine klassische Institution der Begegnung, Muße und produktiven Langeweile im Durchgangsstadium. Oder etwas pointierter: Der ausrangierte Wartesaal verabschiedet eine Poetologie schöpferischer Muße im Übergang.

Neben der wichtigen Frage, wie man ein Thema entdecken und sondieren kann, bleibt die nicht weniger entscheidende Frage, wie sich das zu erschließende Gebiet dabei zugleich sinnvoll eingrenzen lässt. Selbst in solchen Nischen wie der wissenschaftlichen Bearbeitung eines Teilproblems gilt es, wirksame Dämme gegen die Informationsüberflutung einzuziehen. Denn insbesondere ein vergleichsweise breites Einlesen Ihres Forschungsfeldes kann Sie allzu schnell dazu verleiten, die Grenzen der eigenen Frage aus dem Blick zu verlieren. Auch wenn man diese Problematik am besten am jeweiligen Fall selbst durchexerziert, so wie man jeden Baum im vollen Wuchs individuell beschneiden muss, so lassen sich dennoch einige allgemeine Verhaltensregeln aufstellen, wie dem drohenden Zuviel an Wissen in der eigenen Arbeit beizukommen ist. Dieser Punkt ist nicht zuletzt deshalb von besonderer Wichtigkeit, weil die Erfahrung zeigt, dass man ohne entsprechende Erfahrung zu einer immer schon zu großen Dimensionierung des eigenen Themas neigt. Schon aus diesem Grund besteht eine der größten Herausforderungen darin, die Grenzen des Gegenstands geschickt und zugleich rigoros zu ziehen, sodass die notwendigen, hilfreichen und manchmal auch die ornamentalen, nie aber die zu weit führenden, irritierenden oder abseitigen Argumentationslinien dominieren. Achten Sie also darauf, den Fokus Ihrer Betrachtung weder zu weit noch zu eng einzustellen. Niemand erwartet, dass man die ganze Welt erklärt; schon die etablierten Fächergrenzen und der jeweilige Kanon geben entsprechende Begrenzungslinien vor, was zu den relevanten Fragetraditionen einer Disziplin zählt und was nicht. Eine Orientierung daran ist höchst ratsam, auch wenn allerorten von

Eingrenzungen

Interdisziplinarität die Rede ist. Bevor Sie die Grenzen überschreiten, sollten Sie beweisen, dass Sie wissen, wo die Grenzen liegen.

Eine zweite Möglichkeit der Eingrenzung wird durch die Theorie getroffen, die Sie für Ihre Arbeit einzusetzen planen. Denn die Reichweite der Erklärung variiert von Theorierahmen zu Theorierahmen, und es ist gut, sich zu vergegenwärtigen, dass man etwa mit der Dekonstruktion als Waffe seiner Wahl für gewöhnlich keine systemtheoretischen oder mikroökonomischen Argumentationslinien verfolgen sollte. Ein drittes Kriterium der Eingrenzung können – vor allem für historische Arbeiten – klassische Epochengrenzen ausmachen, auch wenn sich mit Sattelzeiten oder *longue durée*-Betrachtungen nahezu alles überbrücken lässt. Nicht nötig zu erwähnen, dass die zu betrachteten Zeiträume natürlich auch nicht zu eng gewählt werden sollten: Eine Studie über *Die politische Entwicklung in der Pfalz und das Wiedererstehen der Parteien nach 1945*, die 1958 in Heidelberg veröffentlicht, auf 161 Seiten ein topographisch eng umgrenztes Gebiet innerhalb eines Zeitraums von nur 13 Jahren diskutiert und zugleich den Anspruch einer historischen Arbeit geltend macht, würde den heutigen Maßstäben einer geschichtswissenschaftlichen Promotionsschrift *nicht* genügen (auch wenn ihr Autor später 16 Jahre lang Bundeskanzler blieb, als sogenannter ‚Kanzler der Einheit'). Und selbstverständlich gibt eine spezifische Problemstellung immer auch *sui generis* ihre eigenen Grenzen vor, wobei es gelegentlich reizvoll ist, diese bewusst durch überraschende Exkurse zu überschreiten, um auf diese Weise das allzu Homogene mit dem Heterogenen in Beziehung zu setzen. Wenn man also unbedingt über *Die Geschichte der rheinland-pfälzischen CDU vom November 1958 bis zum August 1959* schreiben wollte (etwa, weil man solche Arbeiten als einen Schritt zum Bundeskanzleramt versteht), stellt ein Exkurs wahlweise zur SPD oder zu Bayern durchaus einen Erkenntnisgewinn in Aussicht.

Von Hypothesen zu einer Leitthese

Ähnlich, wie Sie aus einer Forschungsidee allmählich eine Forschungsfrage destillieren, während Sie sich der Recherche, Lektüre und Sondierung des Materials widmen, so stellt sich im weiteren Verlauf der Arbeit die dringende Aufgabe, eine möglichst pointierte, erkenntnisreiche und originelle Leitthese zu entwickeln. Auch wenn dieser Prozess tatsächlich erst mit zunehmendem Erkenntnisgewinn möglich wird, weil Sie ja das Material, seine Probleme und Deutungsmöglichkeiten erst allmählich überschauen, so lässt sich diese notwendige Verdichtung bereits zu Beginn der Arbeit vorbereiten. Umso leichter fällt nämlich die Formulierung und Absicherung der Leitthese später. Sie sollten also schon zu Beginn, noch während der Themenwahl und -sondierung möglichst drei bis fünf Arbeitshypothesen aufstellen, die es während der Recherche und Lektüre mitzuführen, zu überprüfen, zu erweitern – oder auch zu verwerfen – gilt. Diese Hypothesen stellen gleichsam die Probebohrungen in Ihrem vielleicht noch steinharten Material dar, das schließlich im Verlauf der Arbeit geschmeidig und handhabbar wird. Zugleich bilden sie die Kandidaten für Ihre Leitthese. Sobald Sie durch intensives Lesen und kritische Reflexion der neuen Informationen langsam ein klareres Bild von Ihrem Gegenstand gewinnen, lässt sich vorzugsweise jene Hypothese, die am interessantesten zu werden verspricht, zur Leitthese küren. In dieser Transformation von einer Hypothese zur exklusiven Leitthese wird aus einer Vermutung eine Behauptung. Denn durch die Auswahl *einer* der anfänglichen Vermutungen legen Sie sich schließlich fest, in welche Richtung Ihre Argumentation gehen soll. Diese zentrale Behauptung strukturiert sodann Ihre Arbeit maßgeblich, weil sie es ist, die Ihr Text argumentativ zu untermauern und Stück für Stück nachzuweisen hat.

Im Grunde genommen ist ein BA-Arbeit nichts anderes als eine erweiterte Hausarbeit, eine MA-Arbeit eine erweiterte BA-Arbeit und eine Doktorarbeit eine erweiterte MA-Arbeit, wohlgemerkt nicht thematisch, aber hinsichtlich der Rechercheformen, Schreibstrategien sowie der (Aus-)Dauer (bei) der Erstellung. Es gilt das Matrjoschka-Prinzip. Das ist insofern wichtig, sich zu vergegenwärtigen, weil damit der Respekt vor der Ausarbeitung der Abschlussarbeit schwindet, schließlich haben Sie mit jeder zuvor angefertigten schriftlichen Hausarbeit diesen Prozess bereits eingeübt und verfügen über hinreichende Erfahrungen. Doch auch im übertragenen Sinn ist Ihre Abschlussarbeit als eine Hausarbeit zu verstehen, wenngleich nicht nur als eine Arbeit, die Sie womöglich zu Hause anfertigen, sondern eher als eine Arbeit *am* Haus. – Wenn Ihre Abschlussarbeit ein Gebäude wäre, so kann man davon zunächst träumen: Soll es eher ein englisches Landhaus im Tudorstil sein (mit altertümlichen Zinnen, jedoch inkl. fließendem Wasser und elektrifiziert), oder schwebt Ihnen eher etwas schönes Schlichtes vor wie ein skandinavisches Holzhaus in

Hausarbeit

ochsenblutroter Färbung? Stellen Sie sich ein Penthouse in Glas-Stahl-Konstruktionsweise vor oder imaginieren Sie eher ein Reihenhaus in Rauputz mit schmalem, aber gepflegtem Garten nach hinten raus? Sprich: Wie wollen Sie sich positionieren? Welchen Vorbildern, welcher Ästhetik, welchen Patronen in der Theorielandschaft gilt es zu folgen? Und um ein Haus zu bauen, benötigen Sie selbstverständlich Baumaterialien (die Sie zunächst recherchieren und dann in der Bibliothek / dem Archiv beschaffen), Know-how (haben Sie sich ja bereits durch die vorherigen Hausarbeiten angeeignet) sowie gute, möglichst detaillierte Pläne. Jedes Projekt basiert auf einem Plan, und dieser sollte wenigstens einen Grundriss (haben Sie ja bereits in Form des Exposés), einen Aufriss (das Inhaltsverzeichnis, das Sie im Laufe der Recherche und Lektüre entwickeln und immer weiter verfeinern) sowie ein Ablaufschema umfassen (also wann welches Material anzuliefern und zu verbauen ist, kurz: die Vorgehensweise, die Sie ja in Form von *LSD* gerade zu sich nehmen).

Sie könnten also neben Exposé und Inhaltsverzeichnis noch einen dritten Plan zur Vorgehensweise anfertigen. Nur, nach welchen Schema? Auch hier gibt es einen altbewährten Algorithmus. Stellen Sie sich vor, Ihre Abschlussarbeit ist nicht eine unüberwindliche Hürde, sondern eher eine in die Länge gezogene Rede, die sich über 60, 80 oder gar 300 Seiten erstreckt. Wie schreibt man dann eine wissenschaftliche Arbeit? Die Einteilung der einzelnen Arbeitsphasen erfolgt genau wie bei einem Referat, also einer frei gehaltenen Rede, in Analogie zu dem griechischen Rhetorikschema, das nicht nur als eine Systematik der Gerichts-, Lob- oder Trauerrede dient, sondern auch als Orientierung zur Textproduktion herhalten kann. Es besitzt fünf Produktionsstadien:

Planwirtschaft

**inventio** Hier erfolgt die Sondierung des Themas, Hypothesenbildung. Es geht um das Auffinden, aber auch das *Erfinden* des Materials.[21] Die Argumente werden überprüft auf Stichhaltigkeit

21 Das heißt natürlich nicht, dass Sie Fakten erfinden können, aber es heißt, dass Sie Vermutungen anstellen können, wie das eine mit dem anderen zusammenhängt, also eine Hypothese aufstellen, die Sie dann anhand des Quellenmaterials überprüfen müssen, vgl. dazu auch Abb 3 dieser Anleitung.

und Tauglichkeit; Sie verschaffen sich einen Überblick über den Forschungs- und Erkenntnisstand, recherchieren, lesen (es gilt die alte Philologenregel: ‚Einmal ist keinmal‘ [22]), bibliographieren, sammeln und gewichten das Entdeckte. Früher half dabei noch die Topik, also die Suche nach Gemeinplätzen, die zur kunstgerechten Beweisführung anleitet.[23] Heute würde man eher auf eine Katalogik setzen, also auf die virtuose Indienstnahme von OPACs.

**dispositio** Das ist die *Anordnung*, Gliederung des Stoffes und der Argumente unter bestimmten Kriterien: Angemessenheit, Überzeugungskraft. Das ist schon deshalb sehr wichtig, weil hier die Grundstruktur des Texts, seine Spannungskurve, verfertigt wird. Hier kommt es auch zur Thesenbildung: Wenn am Anfang eine Vermutung steht (Hypothese), wird sie hier zur Behauptung entwickelt und mit dem vorhandenen Material verflochten.

**elocutio** In dieser *Einkleidung der Gedanken in Worte* nehmen Sie die stilistische Produktion vor, das heißt, Figuren und Tropen kommen zum Einsatz. Rhetorische Figuren sind etwa eine Frage, der Vergleich, die Antithese, das Zeugma. Tropen sind hingegen Formen der übertragenen Bedeutung, die eine uneigentliche Redeweise erlauben: Metapher, Metonymie, Allegorie usw. Es gelten bestimmte Standards zum Einsatz der Figuren und Tropen: Sprachrichtigkeit, Deutlichkeit, Klarheit, Angemessenheit sowie die Vermeidung von allem Überflüssigen.

**memoria** Hierunter versteht man das *Einprägen* der Rede, was klassischerweise nach den Verfahren der Mnemotechnik erfolgt;[24] heute könnte man darunter eher das Speichern im Computer, also die Aufbereitung der Daten für den späteren Gebrauch verstehen, kurzum, alles, was unter der Rubrik ‚Verzetteln‘ zu fassen ist. Auch lässt sich hier bereits eine erste Überarbeitungsstufe

---

22 Vgl. dazu Stanitzek (1992), insb. S. 122 ff.

23 Vgl. Ueding und Steinbrink (1994), S. 230 ff.

24 Vgl. Yates (1994).

anbringen: die Vereinheitlichung von Fußnoten und Literaturangaben sowie eine Überprüfung auf korrekte Rechtschreibung.

**pronuntiatio** Der *Vortrag* Ihrer Rede, also etwa die Verteidigung Ihrer Abschlussarbeit mit einem mündlichen Vortrag. Oder aber, wenn Ihnen dieser Teil der Prüfung erspart bleibt, lässt sich hier bereits eine allfällige Veröffentlichung des Geschriebenen anvisieren, sprich das Versenden Ihres überarbeiteten Exposés an Verlage oder eines Teils in Abstractform an die Herausgeber von Zeitschriften und alle anderen Taktiken, mit denen man seine Arbeit öffentlich zugänglich machen kann, um damit die neu erschlossenen Erkenntnisse einer allgemeinen Leserschaft zu unterbreiten. Des Weiteren ließe sich hier die Aufbereitung zum Druck, also die Seitenformatierung, Harmonie von Form und Inhalt, das Herrichten der formalen Struktur einordnen.

Ein vergleichender Blick mit dem Inhaltsverzeichnis des vorliegenden Buchs macht es offensichtlich: Die fünf Punkte des griechischen Rhetorikschemas sind in leicht modifizierter Form in den Arbeitsschritten 1 + 2 (Themenfindung + Recherche / *inventio*), 3 (Lektüre / *dispositio*), 5 (Schreiben / *elocutio*), 4 + 6 (Verzetteln + Zitieren / *memoria*) und 7 (Formatieren / *pronuntiatio*) aufgegangen. Die Ausarbeitung eines dritten Plans, um sich die Vorgehensweise zu erschließen, ist also eigentlich kaum notwendig, sofern Sie bereit sind, griechische Rhetorik durch *LSD* zu ersetzen.

Formelhaft

Um abschließend die ganze komplexe Problematik einer geeigneten Themenwahl auf eine unzulässig knappe Formel zu bringen, und auch wenn es allzu naheliegend erscheint, so muss man es sich doch immer wieder vergegenwärtigen: *Wichtig ist zu wissen, was man eigentlich wissen will.* Davon hängt letztlich alles andere wie die einzuschlagenden Recherchewege, die zu setzenden Grenzen des Stoffgebiets und der Verlauf der Argumentationslinie sowie der Rückgriff auf die angemessenen Theorien ab.

## Schritt 2
## Recherche

> „Oft haben gerade die Nebenpersonen einen ungeheuren Einfluß; diese hielt vielleicht das Räderwerk der Ereignisse in Händen. Bücher würden ihnen die erforderlichen Aufschlüsse geben. [...] Sie überlegten den Plan, besprachen ihn und beschlossen endlich, vierzehn Tage in der Stadtbibliothek von Caen zuzubringen, um nachzuforschen."
> Gustave Flaubert, *Bouvard und Pécuchet*, 1881

Ist das Thema erst gefunden, ergeben sich die nächsten Schritte nahezu wie von selbst. Sie lassen sich gut planen, nachgerade generalstabsmäßig fügen sich die nächsten Maßnahmen innerhalb der Recherchephase aneinander. Deren Hauptaufgabe besteht naturgemäß zum einen darin, das Material für die Argumentation zusammenzutragen, also möglichst zielgenau und zugleich breit zu sammeln. Zum anderen beginnt schon während der Recherche eine der wichtigsten Phasen, nämlich das Argument der Arbeit sukzessive zu entwickeln. Das heißt, man unterteilt die Grundthese in einzelne Unterkapitel, für die es dann aus dem Fundus des wissenschaftlichen Wissens, aus dem „Universum, das andere die Bibliothek nennen",[25] jene Belegstellen und Untermauerungen heranzuziehen gilt, um die eigenen Annahmen zu stützen und abzusichern. In die Argumentationskette sollten Sie naturgemäß auch jene Positionen einbeziehen, mit denen Sie sich kritisch auseinanderzusetzen beabsichtigen, weil sie den eigenen Erkenntnissen und Überzeugungen zuwiderlaufen. Denn wissenschaftliche Wahrheiten sind stets, kaum notwendig zu erwähnen, abhängig vom allgemeinen Kenntnisstand und immer wieder auch zu Recht umkämpft und einem Wandel unterworfen. Wenn Ihre Arbeit einen Beitrag zu einer neuen Sichtweise auf ein altes Problem zu liefern vermag oder sie gar

Arbeit am Argument

25 Borges (1941/1974), S. 47.

mit alten Vorstellungen auf überzeugende Weise bricht, lässt sich der Wert Ihrer Leistung kaum hoch genug einschätzen. Einerlei, ob eine derart umstürzende Perspektive oder eher eine konventionelle Bestätigung eines gängigen Argumentationsmusters in einem anderen Zusammenhang (was auch ein löbliches Unterfangen ist) Ihr Projekt kennzeichnet, beide bedürfen gleichermaßen einer sorgfältigen Planung, stabilen Materialgrundlage und subtilen Recherche.

Nochmal zum Haus als Leitmetapher der Abschlussarbeit: Als Architekt muss man sich schon beim Entwurf überlegen, wie welches Material mit anderen harmonisch zusammenpasst. Zudem muss der Architekt beste Kenntnisse besitzen, woher er seinen Stoff beziehen kann. Und natürlich ist es ratsam, überhaupt zu wissen, was man am besten an welcher Ecke verwendet. Um diesen Kenntnisstand zu erreichen, lassen sich prinzipiell zwei Generalstrategien der Recherche zum Einsatz bringen, die deduktive, nach dem *top-down*-Prinzip verfahrende Strategie und die induktive *bottom-up*-Strategie, die wie ein Schneeballsystem funktioniert. Je nach der aktuellen Frage und Teilproblemstellung sollten Sie bevorzugt einer davon den Vorzug geben, auch wenn sie sich nicht selten überlagern. Oftmals ist es jedoch auch notwendig, die beiden Strategien kombiniert zu verfolgen. Denn schließlich gilt es, um das Fundament Ihrer Arbeit auszuheben, sich in einem Wurzelgeflecht oder Rhizom aus Referenzen und Querverbindungen zu bewegen, das durch neu zu schlagende Schneisen im scheinbar undurchdringlichen Geflecht der Informationszusammenhänge zu lichten ist.

Nota bene: Nicht ‚googlen'

Eigentlich ist es nicht nötig, es explizit zu erwähnen, aber wer weiß: Wenn in diesem kleinen Ratgeber (sowie in allen ernst zu nehmenden wissenschaftlichen Zusammenhängen) vom Recherchieren die Rede ist, dann heißt das ausdrücklich *nicht*, ein paar Suchbegriffe unstrukturiert in die Texteingabe eines Suchmaschinenmonopolisten zu hämmern. Das wäre in etwa so, wie wenn Sie exklusiv mit den notwendigerweise beschränkten Informationen eines U-Bahn-Plans eine ganze Stadt erkunden wollen. Das funktioniert zwar, zumindest theoretisch. Nur in der Praxis wird man damit vermutlich scheitern, weil einem ein ganzes Universum an Informationen vorenthalten bleibt. Es gibt sehr viel mehr Wissen zu entdecken als das, wovon einem Google kündet.

Wenn es also gerade nicht darum geht, einfach ein paar Begriffe in die Suchmaschinenmaske einzugeben, stellt sich umso dringender die Frage, wie man am besten zu suchen beginnt. Eine notwendige, keineswegs triviale Voraussetzung dafür ist, sich zunächst zu vergegenwärtigen, *was* man eigentlich sucht. In gewisser Weise gleicht die Recherche zu Beginn dem Unterfangen des Generals Stumm von Bordwehr aus Robert Musils Roman *Der Mann ohne Eigenschaften*, der 1913 in der Wiener Hofbibliothek zunächst einen Bibliothekar verschreckt mit der Bitte, ihm den „bedeutendsten Gedanken der Welt" zu zeigen,[26] um sodann vom Bibliotheksdiener bei den Bibliographien abgeholt zu werden. Im Gegensatz zum ahnungslosen General hat man für gewöhnlich die eigenen Hypothesen, Schlagworte und Begrifflichkeiten bereits im Gepäck, die eine solche Suche filtern und strukturieren. Zwar sollte man die Bedeutsamkeit weder der eigenen noch der gesuchten Gedanken – wie Stumm von Bordwehr – gleich zur Weltgeltung erheben, aber dennoch bleibt es wichtig, dass man der Suche nach den Gedanken Anderer ihrerseits eine große Bedeutung zumisst. Und dabei ist es entscheidend, dass man sich von Experten, und das sind menschliche Bibliothekare wie (inzwischen) maschinisierte Bibliotheksdiener in Form des OPACs gleichermaßen, bei der Suche helfen und beraten lässt. Suchen Sie also nicht nur *online* nach Argumenten, historischen Analysen, Quellen und Darstellungen für Ihre Hypothesen, sondern suchen Sie den Weg in möglichst große, wohlsortierte Bibliotheken, in das dortige Katalogzimmer, also zu dem „Allerheiligsten der Bibliothek"[27] und zu den darin anzutreffenden Experten.

Recherchen (zu) vor hundert Jahren

Anhand eines kleinen Szenarios seien die beiden Suchstrategien (deduktiv vs. induktiv) kurz veranschaulicht. Angenommen, wir interessieren uns für die Belle Époque und planen, eine Geschichte zu schreiben über ein kulturelles Ereignis kurz vor dem Ersten Weltkrieg. Noch verfolgen wir nur eine erste Interessensspur, Genaueres wissen wir noch nicht. Wie gehen wir vor, um uns einen Überblick zu verschaffen und weitere Anregungen zu einem möglichen Thema zu bekommen,

26 Musil (1932/1987), S. 459.
27 Musil (1932/1987), S. 461.

aus dem wir sodann eine konkrete Fragestellung ableiten können? – In diesem Fall bietet sich die Top-down-Strategie an, das deduktive Vorgehen wie bei General Stumm, also mit Hilfe der allgemeinsten Findemittel und Suchmaschinen, um zu speziellen Einsichten oder aber zu dem „schönsten Gedanken von der Welt“[28] zu gelangen. Ja, auch ein alter Zettelkatalog oder eine „Bibliographie der Bibliographien“[29] sind eine Suchmaschine. Gehen wir also ins Katalogzimmer, ignorieren wir die Computerterminals einstweilen und begeben wir uns zum alten Sach- oder Realkatalog, also zur systematischen Ordnung des Wissens der dortigen Büchersammlung. Warum so *old fashioned*, während wir doch eigentlich gewohnt sind, die (ersten) Recherchen bequem von zu Hause aus, am heimischen Computer zu erledigen? Zum einen, damit wir in der Praxis nachvollziehen, wie das Wissen in vergangenen Zeiten aufgezeichnet und verwaltet worden ist und wie reich, feindifferenziert und wohlorganisiert bereits im frühen 19. Jahrhundert Bibliothekskataloge sein konnten. Dieses Wissen gilt es, nutzen zu lernen. Zum anderen ist es notwendig, zumal im Fall einer historischen Recherche, zwischen zeitgenössischen Quellen und aktuellen Darstellungen zu unterscheiden. Beides finden wir zwar für gewöhnlich auch im elektronischen Katalog, der Nachweis der zeitgenössischen Quellen in den zeitgenössischen Medien, sprich in den unelektronischen, veralteten Katalogen besitzt jedoch nicht selten einen informationellen Mehrwert, und zwar nicht zuletzt durch die Materialität und Reihenfolge der einzelnen Katalogkarten zueinander.[30]

Kleiner historischer Exkurs – nicht nur für Historiker

28 Musil (1932/1987), S. 460.

29 Musil (1932/1987), S. 462.

30 Vgl. Petschar et al. (1999), S. 91, 168 f., und was bei der Transformation in andere Medienformate verloren geht, kritisiert scharf Baker (2005).

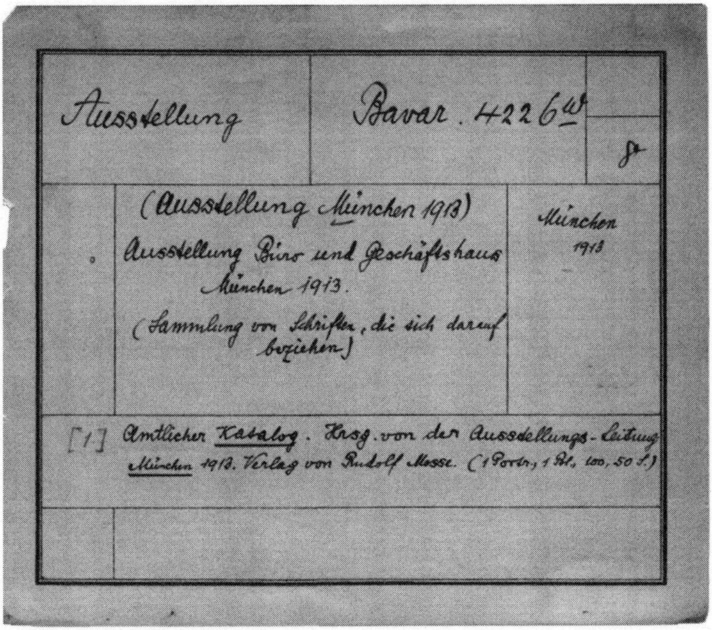
Ausstellung
Bavar. 4226 w
8°
(Ausstellung München 1913)
Ausstellung Büro und Geschäftshaus München 1913.
(Sammlung von Schriften, die sich darauf beziehen)
München 1913
[1] Amtlicher Katalog. Hrsg. von der Ausstellungs-Leitung München 1913. Verlag von Rudolf Mosse. (1 Portr., 1 Bl., 100, 50 S.)

Abb 1 Ein alter Katalogzettel aus dem Realkatalog der Bayerischen Staatsbibliothek (‚Alte Reihe 1911 – 1929‘), Systemstelle ‚Ausstellung‘

Nachdem wir ein wenig in den alten Zettelkatalogen geblättert haben, also etwa im Schlagwortkatalog „Alte Reihe 1911 – 1929“ der Bayerischen Staatsbibliothek in München, der Werke der Erscheinungsjahre 1896 – 1929 beinhaltet, können wir uns anhand der Vielfalt der dort behandelten Themen und Schlagworte bereits einen kleinen Eindruck verschaffen, was in dieser Epoche offenbar diskutiert und für wichtig erachtet worden ist. Falls wir hier nicht bereits dem Reiz eines einzelnen Schlagworts erliegen – also zum Beispiel ‚Verbotene Bücher. Index‘ (2.III 206), ‚Büroverkehr‘ (1.A 721d) oder ‚Geschichte der Post, Weltpostverein, Ansichtspostkarten‘ (1.V 35) –, dem wir weiter nachspüren wollen, bleibt es erforderlich, weitere Eingrenzungen vorzunehmen, wobei wir nun jedoch von den Vorzügen der elektronischen Suche Gebrauch machen können.

Ein gut sortierter Bibliothekskatalog birgt ein ganzes Universum an Informationen. Selbst wenn er nur – wie beim Schlagwortkatalog

Überblick, schlagwortartig

„Alte Reihe" der Münchner Stabi – drei Jahrzehnte umfasst, ist die Fülle der Hinweise auf die uns interessierende Belle Époque so groß, dass weitere Einschränkungen unumgänglich bleiben. Wie wär's mit einer repräsentativen Stichprobe, zum Beispiel zum Jahr 1913 – schließlich geht es uns hier darum, einen Überblick zu gewinnen. Sicher, man könnte einfach eine Chronik durchblättern.[31] Wir wählen stattdessen nur Titel aus, die genau 100 Jahre alt sind, zumal 1913 als ein vergleichsweise normales, vielleicht gar unbeschwertes Jahr gelten kann, das einer letzten Atempause vor den großen Umbrüchen gleicht. Die Staatsbibliothek zu Berlin listet 44.445 Treffer. Die Deutsche Nationalbibliothek in Leipzig, in der just seit 1913 die Pflichtexemplare von Druckerzeugnissen im deutschen Sprachraum gesammelt werden, wartet hingegen mit 44.792 Treffern auf. Das ist zu viel, um sie einzeln durchzusehen. Wir benötigen weitere Filterkriterien, um die Suche einzugrenzen.

Stichprobe: Alles zu 1913

Gehen Sie gern in Ausstellungen? Was hätte 1913 für uns bereitgehalten? Die Suche nach den Begriffen ‚Ausstellung' *UND* ‚1913' liefert überschaubarere Mengen zwischen 44 und 116, wobei das *UND* als BOOLEscher Operator funktioniert. Breslau etwa bietet eine Schau anlässlich der Jahrhundertfeier der Freiheitskriege an, wovon noch heute der „Amtliche Führer" zeugt. Während man im Rheinischen Kunstsalon in Köln eine Einzelausstellung mit Werken von Pablo

31 Vgl. dazu etwa Fischer (1988). Alternativ ließe sich natürlich auch nach (Sekundär-)Texten suchen, die 1913 im Titel tragen, wie zum Beispiel bei Homburg (1978). Oder aber man interessiert sich für alle Titel eines bestimmten Gebiets, zum Beispiel literarische Texte, die im Jahr 1913 erschienen sind. Dann würde man allerdings eher auf die Spezialliteratur ausweichen, in diesem Fall also etwa Frenzel und Frenzel (1953/2004). Schon schwieriger, und auch mit elektronischen Mitteln nicht so ohne Weiteres herauszufinden, wird es bei der Suche nach literarischen Texten, die im Jahr 1913 spielen. Hier müssen wir uns – jenseits der eigenen Lektüren – auf die inhaltliche Erschließung durch die Bibliothekare verlassen. Und schließlich kann man natürlich noch auf die jährlichen Bibliographien der in Zeitschriften erschienenen Aufsätze zurückgreifen: Zum Beispiel wird man für das *Centralblatt für Bibliothekswesen* bei Rosenbaum (1914) fündig oder für die Kunstgeschichte etwa bei Beth (1915).

Picasso bewundern kann, lädt das Kunstgewerbemuseum Zürich zu einer Exposition zum Thema „Der gedeckte Tisch" ein. Und in der Königlichen Akademie der Künste zu Berlin findet eine „Ausstellung zur Vorfeier des Regierungs-Jubiläums Seiner Majestät des Kaisers und Königs" statt, die kaum von ungefähr an Musils ‚Parallelaktion' erinnert. Wir hingegen interessieren uns eher für Verwaltungsfragen um 1900, sodass uns unweigerlich der *Amtliche Katalog der Ausstellung Büro und Geschäftshaus München 1913* ins Auge fällt (vgl. Abb. 1). Langsam reift bei uns ein Verdacht, während wir die bereits etwas brüchigen 100 Katalogseiten mit ihrer Werkschau der neusten Büro- und Datenverarbeitungsmaschinen durchblättern, nämlich wie sehr die Verwaltung des Wissens vor dem Ersten Weltkrieg, ja mehr noch, die gesamte Kultur auf der Materialität des Papiers beruht. Es scheint, dass 1913 noch tief im Zeitalter des Papiers eingebettet ist, das seiner künftigen Digitalisierung gegenüber noch so entrückt wirkt wie der Krieg selbst, der bereits ein Jahr später ausbricht. Dem könnte man nachgehen.

Das papierene Zeitalter

Das weitere Stöbern fördert einen vielversprechenden Aufsatz zu Tage namens „Das papierene Zeitalter" von Wilhelm Ostwald, der möglicherweise eine Bestimmung der Lage sowie die zeitgenössische Reflexion zum Status des Papiers als Kulturgut um 1900 enthält. Wir lesen hinein – und sind elektrisiert. Denn hier finden wir einige vielversprechende Hinweise und Argumente für unsere Vermutung, „daß das fundamentalste Werkzeug der menschlichen Geistestätigkeit das Blatt Papier" sei.[32] Und wenn sich dieses Medium der Erkenntnis, das vor dem Ersten Weltkrieg noch in zahllosen unterschiedlichen Formaten zu beziehen ist (das DIN-Format gibt es erst seit 1923), mit Hilfe einer allgemeinen Standardisierung ‚ein bißchen besser in Ordnung' bringen lässt, dann wird damit, so Ostwald, gleich auch das Weltwissen selbst in eine neue, bessere Ordnung gebracht. – Damit ist unsere Forscherneugier geweckt – wir recherchieren die Geschichte der Papierformate …

Gemäß der bisherigen *top-down*-Strategie unserer Recherche sollten wir nun zunächst nach den allgemeinen Begriffen ‚Papier' und ‚Format' suchen, und zwar zunächst in den dafür geeigneten Lexika, um

32 Ostwald (1913), S. 2894.

Allgemeine Lexika und Wörterbücher

einen Überblick über die Verwendungsweisen in früheren Epochen zu erhalten. Um also etwas über die ältere Geschichte des Papiers zu finden, kommt man nicht umhin, die zentrale Anlaufstelle für alle Altertumsfragen zu konsultieren, also die *Realencyclopädie der classischen Altertumswissenschaft* (kurz: RE, auch bekannt unter den beiden Herausgebernamen als ‚Pauly-Wissowa'), wo sich beim Lemma ‚Papier' natürlich vor allem die Verweise auf Pergament und Papyrus ertragreich ausnehmen. Ein Vergleich dieser Einträge mit der französischen *Encyclopédie* von Diderot und d'Alembert[33] sowie mit den aufklärerischen Konkurrenzunternehmen im deutschsprachigen Raum, also dem Zedler,[34] dem Krünitz,[35], dem Pierer[36] sowie natürlich Meyers Großem Konversationslexikon (am besten die berühmte 6. Auflage von 1905, um das gesammelte Wissen des 19. Jahrhunderts im Blick zu haben)[37] bringen dann nicht nur weitere Aufschlüsse, sondern auch den Begriff ‚Format' ins Spiel, dem – wen wundert's – seit der Druckerpresse eine wichtige Rolle zukommt. Der Zedler liefert für ‚Format' übrigens nur eine denkbar kurze Definition, während Krünitz einiges aus der Praxis der Drucker beisteuert. Für die Etymologien und Wortbedeutungen selbst – nebst zahlreichen Belegstellen – sind derweil die einschlägigen Wörterbücher zuständig, im Deutschen natürlich allen voran das Standardwerk der Gebrüder Brüder Grimm.[38]

---

33 Diderot und le Rond d'Alembert (1751–1765).

34 Zedler (1741), einzusehen auch unter <www.zedler-lexikon.de>, Letzer Zugriff: 08.04.13.

35 Krünitz (1787), einzusehen auch unter <www.kruenitz1.uni-trier.de>, Letzer Zugriff: 08.04.13.

36 Pierer (1857–1865), einzusehen auch unter <www.zeno.org/Pierer-1857>.

37 Konversations-Lexikon (1906–1919), einzusehen auch unter <www.zeno.org/Meyers-1905> Letzer Zugriff: 08.04.13.

38 Siehe Grimm und Grimm (1854). Nachdem Ende 2012 (in Berlin) bzw. 2016 (in Göttingen) die Arbeit am Grimmschen Wörterbuch nach 170 Jahren eingestellt wurde bzw. wird, lebt es fortan in einer digitalen Variante unter <www.dwds.de> fort. Der Nachteil hier: Die Textkorpora und Beispiele beschränken sich (noch) nur auf das 20. Jahrhundert und schöpfen nicht – wie beim Original – aus der Tiefe der Kulturgeschichte seit dem Beginn der neuhochdeutschen Sprache.

Nach diesen Überblicken zu Themen, Begriff(sgeschicht)en und Konzepten auf einer allgemeinen Ebene der Suche empfiehlt sich der Wechsel auf eine mittlere Ebene, wo sich die verschiedenen Recherchestrategien zwangsläufig kreuzen, die vom Überblick zum Detail (deduktiv) laufen oder in umgekehrter Richtung, schneeballartig (induktiv) vom Detail zum großen Ganzen führen. Im Zentrum dieser Etappe des Recherchierens steht der Bibliothekskatalog – sei es in seiner oftmals schon ausrangierten Variante in Form des Real- oder Sachkatalogs, sofern Sie auch nach alten Quellen suchen, oder sei es in seiner modernen Variante als OPAC. Bestenfalls verwenden Sie einen großen Verbundkatalog mit dem Bestand zahlreicher Bibliotheken wie beispielsweise den Gemeinsamen Verbund-Katalog, gso.gbv.de, wo nicht nur Bücher und Zeitschriftenartikel nachgewiesen sind, sondern wo direkt noch eine ganze Fülle an weiteren elektronischen Dokumenten abrufbar wartet. Hier können wir nun nach den Begriffen ‚Papierformat' (im Singular wie im Plural oder mit Platzhaltern,[39] also etwa ‚Papierformat*') suchen, um zu erkunden, ob es dazu neben Quellenmaterial auch bereits entsprechende historische Analysen gibt. Von den gegenwärtig 25 Treffern erscheinen uns ein Aufsatz und sechs weitestgehend schmale Monographien vielversprechend, von denen ein Großteil aus der ersten Hälfte des 20. Jahrhunderts stammt, also wohl vermutlich eher als Quellen denn als Darstellungen einzustufen ist.

Suche auf der Meso-Ebene

Die Hoffnung, die unsere Suche auf der Meso-Ebene leitet, besteht einerseits darin, einen nicht allzu veralteten Text zu finden, der zentral für unser Anliegen ist, aber zugleich unser Thema nicht direkt erledigt, uns also noch Raum für die eigenen Gedanken und Argumente lässt. Dies wäre der ideale Ausgangspunkt für die weitere Recherche, denn von hier aus lässt sich der Forschungsstand ebenso bequem überschauen, wie man einzelnen Fußnoten nachgehen kann, um sich selbst weiteres Material zu erschließen. Andererseits bleibt zu hoffen, dass man bei der Recherche nicht auf *die* zentrale Monographie stößt,

Ausgangspunkte ausmachen

39 Der Platzhalter * steht beispielsweise für alle weiteren Buchstabenfolgen bis zum nächsten Leerzeichen, sodass mit dem Suchausdruck ‚Papierformat*' sowohl ‚Papierformaten' als auch ‚Papierformatvorlagendruckschnittmaschinenvorrichtung' gefunden wird.

die alles, was man selbst zu schreiben geplant hatte, bedauerlicherweise schon enthält, und zwar auf einem angemessenen theoretischen Niveau sowie auf der Basis einer beeindruckenden Materialfülle. Das wäre ungünstig, denn dann müsste man sich ein neues Thema suchen.

Unter unseren Papierformat*-Treffern scheint sich jedoch einstweilen nichts Vergleichbares zu befinden. Auch eine leichte Variation der Suchbegriffe, zum Beispiel ‚Papierverarbeitung' statt ‚-format', fördert – glücklicherweise – nicht die endgültige Studie zu Tage. Allerdings taucht bei dieser Recherche ein Buch auf, das einen sehr guten Überblick zum erweiterten Kontext der Papiergeschichte zu liefern verspricht: *Weiße Magie* von Lothar Müller. Gespannt prüfen wir den Text, um ihn gegebenenfalls zum zentralen Ausgangspunkt zu machen, ihn also genau zu lesen, um das darin verhandelte Material ebenfalls zu sichten und mit der eigenen Fragestellung gegenzulesen, zu erweitern, neu einzuordnen und weiterzudenken.[40] Unser Befund lässt uns aufatmen: Natürlich birgt diese kleine, elegante Universalgeschichte des Schreibstoffs, die zudem den neusten kulturwissenschaftlichen Forschungsstand zum Thema (im Literaturverzeichnis) enthält, auch ein paar Bemerkungen zum Papierformat.[41] Allerdings skizziert Müller die Problemlage nur kurz, statt eine detaillierte Geschichte etwa vom DIN-A4- oder seinem Gegenspieler, dem amerikanischen Letter-Format, zu entwerfen. Erneut Glück gehabt: Hier ist noch Luft nach oben. Wir nehmen – neben ein paar wenigen Literaturhinweisen zu unserer Spezialfrage – einige Einsichten zur theoretischen Entwicklung des Papierformats im ausgehenden 18. Jahrhundert mit. Es bleibt noch Platz auf den 210 × 297 mm für unser eigenes Vorhaben.

Treffer, versenkt?

Während der Recherchen in OPACs sollte man sich beizeiten vergegenwärtigen: Was in Bibliothekskatalogen überhaupt zu finden ist, unterliegt einem vielteiligen Filter- und Bearbeitungsprozess, und zwar durchgeführt von Bibliothekaren, die mit der Aufgabe betraut sind, den Inhalt eines Texts in einige wenige Begriffe zu fassen (die sogenannte Sacherschließung). Nicht jeder Bibliothekar wird die zu verschlagwortende Schrift intensiv lesen, um jeden noch so subtilen

40 Genaueres dazu auf Seite 49 dieser Anleitung.

41 Vgl. Müller (2012), S. 314–316.

Exkurs im Text mit einem geeigneten Schlagwort zu belegen. Was aber, wenn bei einem Eintrag gar nicht die entscheidenden Begriffe auftauchen? Es hilft alles nichts, man kommt wohl bei der Suche nach Material und Stellen um einige Probebohrungen in den einschlägigen Volltextdatenbanken kaum herum.

Eine der bekanntesten Volltextsuchen dürfte derzeit GoogleBooks sein. Allerdings ist diese Suche mit Vorsicht zu genießen, weil sie allzu häufig bibliothekarische Mindeststandards unterläuft und für eine differenzierte Recherche daher nur bedingt geeignet ist. (Auch wenn es sich in Mountain View noch nicht herumgesprochen zu haben scheint: Es geht nicht darum, möglichst viele, sondern möglichst treffende Treffer zu erzielen). So versuche man beispielsweise einmal einen Begriff wie ‚feinsinnig' in einem Text wiederzufinden, der in Fraktur gedruckt worden ist. Wer ‚unsinnig' in der OCR-prozessierten Fassung bei GoogleBooks erhält, darf sich angesichts der hohen Übereinstimmung von den letzten beiden Silben schon glücklich schätzen. Googles altdeutsche Schrifterkennung scheint im Moment noch stark überarbeitungsbedürftig zu sein. Masse ist eben nicht gleich Klasse.

Volltextdatenbanken JSTOR, Muse, Amazon, GoogleBooks & Co. KG

Für aktuelle Literatur lohnt es sich möglicherweise, auch bei Amazon vorbeizuschauen, weil viele Verlage ihre Texte hier komplett zur Verfügung stellen, damit unter dem Programmpunkt ‚Blick ins Buch' ein Eindruck vom Inhalt zu gewinnen ist. Zumindest für die Stellensuche und das Wiederfinden von zuvor Gelesenem ist diese Funktion ganz gut geeignet. Ein ernst zu nehmendes, weil systematisch erschlossenes, in den meisten Fällen auch auf Fehler überprüftes Textkorpus ist allen voran das Projekt jstor.org für die Suche nach Aufsätzen, wobei der Fundus, in dem gesucht werden kann, je nach Heimatinstitution stark variiert. Hier gilt es, die Suche möglichst von einer großen Bibliothek aus zu unternehmen, weil man aus deren Intranet heraus zumeist auf eine größere Anzahl an Zeitschriften zugreifen kann als es dem reinen Privatnutzer erlaubt wäre. Sowohl *JSTOR* als auch das *Project Muse* basieren jedoch auf Korpora, die ihren Schwerpunkt im angloamerikanischen Sprachraum haben, sodass ein Großteil der Zeitschriften englische Titel enthält. Davon sollte man sich jedoch nicht irritieren lassen. Vielmehr empfiehlt es sich, bei der Volltextrecherche ohnehin stets nach den Begriffen nacheinander in all jenen Sprachen zu suchen, die man halbwegs beherrscht.

Eine Frage der Sprache

Für die Suche in literarischen und kulturhistorischen Textbeständen sei schließlich noch ein Abstecher zu zeno.org empfohlen. Hier bietet sich nicht nur die Gelegenheit zu einer recht zuverlässigen Recherche, etwa in zahlreichen gängigen Konversationslexika der vergangenen 150 Jahre (darunter, selbstverständlich, auch der ‚Große Meyer' von 1906), sondern es stehen noch ungleich mehr Quellen aus Literatur und Philosophie für ein buchstabengetreues Durchforsten endloser Textmengen zur Verfügung.

Ganze Bücher online abrufen

Darüber hinaus erwähnenswert, weil sie große Datenbestände an Volltexten enthalten, sind zudem noch das Europeana-Portal (www.europeana.eu/portal) der Europäischen Union, die Textsammlung Gallica der französischen Nationalbibliothek (gallica.bnf.fr), das unschätzbar wertvolle archive.org, wo sich zahlreiche der von Google seinerzeit digitalisierten, inzwischen aber entfernten Texte immer noch abrufen lassen, sowie neuerdings auch die Deutsche Digitale Bibliothek (www.deutsche-digitale-bibliothek.de).

Die Protagonisten ausfindig machen

Für unsere hier gewählte Aufgabenstellung, Material für eine Geschichte der Papierformate zu sammeln, kommen wir bei den großen Sammlungen allerdings nur bedingt weiter. Das Thema scheint eher ein Schattendasein zu fristen. Wir müssen also noch einen Seitenblick auf die sogenannte ‚graue Literatur', das heißt die nur sporadisch in Bibliothekskatalogen erfassten Broschüren und Druckerzeugnisse ohne ISBN oder ISSN werfen. Wenn wir schon zu Papierformaten recherchieren, warum schauen wir dann nicht gleich beim DIN selbst vorbei? – Ein Besuch der Webseite des Beuth-Verlags, der hauseigenen Druckerpresse des DIN, bringt auch gleich einige wichtige Namen hervor, die es im Rahmen unserer Geschichte näher zu erkunden gilt: Wilhelm Ostwald, der mit dem sogenannten ‚Weltformat' den direkten Vorläufer zu den DIN-Formaten erfunden hat, und sein Assistent Walter Porstmann, der als geistiger Vater der DIN-Reihen gilt. Letzteres allerdings zu Unrecht, wie sich nach einer weiteren Recherche herausstellen würde. Hier, bei diesen Personen, lohnt es, weiterzugraben, etwa durch einen Blick in deren (Auto-)Biographien. – Wir verlassen nun jedoch den nur exemplarisch betretenen, schmalen Pfad unserer Recherche bereits wieder, verbunden mit dem Hinweis, dass hier – wie auf vielen anderen Gebieten – noch ein bis dato ungehobener Schatz an kulturwissenschaftlicher Erzählung und Theoriebildungsmöglichkeiten wartet, der neben dem Klein Elefant und dem Großregal (beides Papierformate) auch überraschende Geschichten des geistigen Parasitierens bereithält.

Spezialdatenbanken für Biographien und Bilder

Noch ein Nachsatz zu den Biographien: Die bequemste Art, jenseits eines Bibliotheksbesuchs und den dort vorhandenen biographischen Nachschlagewerken, die Lebensläufe Ihrer Protagonisten einzusehen, erhalten Sie über die (kostenpflichtige) WebSeite *World Biographical Information System* (WBIS). Man kann sich glücklich schätzen, wenn die eigene Universität oder Forschungsinstitution diesen Dienst anbietet. Noch glücklicher kann man sich jedoch schätzen, wenn die Institution auch über einen Zugang zu ARTstor.org verfügt, eine mit großer Sorgfalt erstellte Bilddatenbank, wo man Digitalisate von Gemälden und Photographien in guter Qualität abrufen oder am Bildschirm mit bewundernswerter Detailschärfe betrachten kann.

Begriffe und Big Data

Eine besonders spezielle Spezialsuche soll derweil nicht unerwähnt bleiben: Falls im Zentrum Ihrer Untersuchung einige seltene Begriffe stehen, dann wäre es möglicherweise interessant, die Verwendungsgeschichte dieser Termini nachzuvollziehen. Doch wie kommt man diesen wechselvollen Konjunkturen am besten auf die Fährte, nachdem man zunächst vergeblich die Belegstellen in Grimms Wörterbuch durchgegangen ist, die ja nur eine zumeist repräsentative Auswahl darstellen? Big Data macht's möglich, in diesem Fall das Werkzeug *ngram* (books.google.com/ngrams) aus den GoogleLabs. Sichtbar machen lässt sich auf der Basis von GoogleBooks-Inhalten die relative Häufigkeit der gesuchten Begriffe im zeitlichen Verlauf. So kann man beispielsweise gut den Aufstieg des Begriffs *butler* (in der zweiten Hälfte des 18. Jahrhunderts mit einer sich neu formierenden Bürgerlichkeit) und den rasanten Niedergang (mit Beginn der 1930er Jahre) nachverfolgen, verbunden freilich mit der Prämisse, dass die diskursive Verwendung auch an das reale Vorkommen dieser Dienstleistung gebunden ist.

Induktive Suche

Während die deduktive Suchstrategie dazu geeignet ist, sich ein Thema überhaupt erst zu erschließen, stellt sich im weiteren Verlauf der Studie oftmals die umgekehrte Situation ein: Bei der Arbeit an einem Unterabschnitt der Argumentation ergibt sich eine Detailfrage, bei der einem klar wird, dass ihr im weiteren Argumentationsgang noch eine größere Relevanz zukommen wird. In diesem Fall benötigt man mehr Hintergrundwissen und startet dementsprechend eine Recherche, die induktiv vom Besonderen zum Allgemeinen zielt, vergleichbar mit einer Kamerafahrt oder Zoombewegung von einem bereits gesicherten Standpunkt hinein in die Weite eines offenen (Themen-)Feldes. Und nicht zuletzt zeichnet diese Suchstrategie auch eine Bewegung vom Lokalen zum Globalen nach: Man beginnt – wie bei einem Schneeball – mit dem, was man vor Ort in der Bibliothek vorfindet, um von hier ausgehend die Suche Schritt für Schritt in die Weite zu führen.

Ein Beispiel: Angenommen, man studiert slawische Literatur und schreibt seine Abschlussarbeit über das erzählerische Werk von Bohumil Hrabal. Im Abschnitt über den berühmten Roman *Ich habe den englischen König bedient* (1980) gilt das besondere Augenmerk dem historischen Kontext, in dem sich der Protagonist Jan Dítě während seiner Ausbildung im Grand Hotel Paříž bewegt. Es geht nun darum, mehr über den Alltag und Hintergrund von Kellnern in der Zwischenkriegszeit zu erfahren. Eine erste Sondierung zum Themenfeld ‚Grand Hotel' und ‚Literatur' verspricht eine gute Orientierung. Aber die dazu verfügbaren Titel,[42] anhand derer man sich gut von Seite zu Seite blätternd, von Fußnote zu Fußnote hangelnd rasch einen Überblick verschaffen könnte, geben trotz einer Fülle an Informationen noch nicht genug her. Man wünscht sich vielleicht etwas mehr Aufschluss zum Lokalkolorit, um ein möglichst detailgetreues Bild zu erhalten, wie der Alltag eines Kellnerjungen im frühen 20. Jahrhundert aussah. Zum Glück findet man im eigenen Zettelkasten[43] noch den Hinweis auf ein ganz eigenes Genre, nämlich die Zeitschrift *Der Gastwirtsgehilfe. Organ zur Wahrung und Förderung der Interessen aller Angestellten im Gastwirtsgewerbe*, deren insgesamt 31 Jahrgänge man nun – das großformatige Papier ist stockfleckig und brüchig – behutsam durchblättert, um sich auf diese Weise die gängigen Diskurse zu erschließen und um einen Eindruck zu erhalten von den Nöten, Themen und Errungenschaften der Gastwirtschaften zwischen 1891 und 1920. Und da man sich überdies noch für eine interkulturelle und interkontinentale Perspektivierung des Themas interessiert, ordert man zum Ver-

Zeitschriftenjahrgänge durchblättern

42 Vgl. etwa die Arbeiten von Seger (2005) und Seger und Wittmann (2007).

43 Zur Produktivkraft dieses Mediums vgl. den Abschnitt Verzetteln ab Seite 61 dieser Anleitung.

gleich auch noch gleich die neun Jahrgänge der Zeitschrift *Das* [sic!] *Gastwirtsgehilfe in Süd-Amerika. Offizielles Organ des Verbands deutsch sprechender „Gastwirtsgehilfen“*, Buenos Aires, 1930–1938.

Einerlei, ob Sie nun Ihre Recherche bevorzugt mit den alten Mitteln auf Papier und Zettelkatalogkarten oder aber vorzugsweise im Virtuellen oder doch mit einer geschickten Mischung aus beidem bewerkstelligen (Empfehlung des Hauses), wichtig bleibt dabei stets, dass Sie sich der Reichweite einer jeweiligen Suchmaschine sowie der Praktikabilität der Treffer bewusst sind. So ist es natürlich ein Fest, wenn man auf möglichst viele Funde aus ist, in den weltgrößten Katalogen, also im WorldCat (worldcat.org) oder im KVK (www.ubka.uni-karlsruhe.de/kvk.html) zu stöbern. Nur, wie kommt man anschließend tatsächlich an die Texte heran? Fernleihen oder Bibliotheksreisen benötigen Zeit und können sich rasch zu größeren Kosten summieren. Daher gilt es bei jedem vielversprechenden Fund aufs Neue abzuwägen, welchen Aufwand man zu seiner Beschaffung betreiben kann, sofern er nicht in einer der nächstgelegenen Bibliotheken zur Hand ist. Eine andere Schwierigkeit stellt sich hingegen bei der Suche nach Archivalien und in wissenschaftlichen Nachlässen, die oftmals nur bis zu einem bestimmten Grad erschlossen sind. Je nach Archiv lassen sich im Vorfeld der Recherche die sogenannten Findbücher einsehen, in denen die einzelnen Abteilungen und Akten eines Nachlasses aufgeführt sind. Allerdings ist diese Auflistung in den allermeisten Fällen sehr summarisch, sodass kaum jedes einzelne Schriftstück, jeder Brief eines Konvoluts hier verzeichnet wird. Aber gerade das macht den Reiz einer Archivrecherche aus, dass hier ein großer Spielraum für überraschende Funde auf Entdeckung wartet, vom Reiz des Aufspürens und Stöberns in hand- oder maschinenschriftlichen Originalen eines individuellen Autors einmal ganz abgesehen. Doch auch wenn Findbücher häufig nur vage Hinweise auf zu vermutendes Material geben, immer häufiger listen auch allgemeine Datenbanken Archivmaterial auf (allerdings leider noch zu selten mit den digitalisierten Originalschriftstücken im Anhang), etwa in der gerade eröffneten Deutschen Digitalen Bibliothek (www.deutsche-digitale-bibliothek.de).

Reichweite der Recherche und Adressierungstiefe der Archive

Eine andere Schwierigkeit betrifft die Zuverlässigkeit des Gefundenen. Das am besten tradierte und damit als gesichert anzusehende

Wissen befindet sich für gewöhnlich in den Nachschlage- und Standardwerken, die von den Autoritäten des Fachs verfasst sind. Je weiter Sie sich von diesem sicheren Terrain in die Sümpfe oder Untiefen des ungesicherten Wissens begeben, umso prekärer wird die Zitierbarkeit des dort anzutreffenden Materials. Damit ist, wohlgemerkt, nicht unbedingt nur der Eintrag in einer Newsgroup wie beispielsweise de.etc.bahn.misc im Usenet gemeint, wo der aktuell längste Schienenersatzverkehr (z. B. Berlin Hbf – Rostock, 4:25) diskutiert wird, sondern durchaus auch ein wahllos herausgegriffener Artikel in Wikipedia. So heißt es etwa im Eintrag zur ‚Deutschen Fortschrittspartei': „Bedeutende Parteiorgane waren *Der Volksfreund* von 1868 bis 1872 und ab 1882 *Der Reichsfreund*", obgleich das einzige Parteiorgan die nicht erwähnte *Parlamentarische Korrespondenz* darstellte. Was nützt ein Lexikon, in dem jeder nach bestem Wissen seine Kenntnisse hinterlassen kann und diejenigen, die über den Informationszuwachs wachen, nur in den seltensten Fällen über die notwendige Expertise verfügen? Man kommt wohl nicht umhin, ausdrücklich davor zu warnen, alles für wahr zu halten, was man bei Wikipedia nachlesen kann. Nicht nur, dass zahlreichen Artikeln die ungeübte Schreibhand ihrer Autoren deutlich anzumerken ist. Nicht nur, dass dieses Wissen aufgrund seiner technischen Struktur jederzeit kontaminiert werden kann. Schlimmer noch: Über die Annahme und Ablehnung neuer Zusätze entscheiden nicht etwa Fachleute, sondern selbsternannte Experten von erschreckend geringer Zahl, die sich zwar auf die Grundsätze des Wikipedia-Projekts berufen mögen, aber oftmals allenfalls geringen Sachverstand besitzen und demzufolge kaum entscheiden können, was dem interessierten Leser hilft. Damit soll nicht der prinzipielle Gebrauchswert von Wikipedia geschmälert werden, wenn es darum geht, mal rasch ein Geburts- oder Sterbedatum nachzusehen. Aber für die konzise und korrekte Darstellung auch des apokryphen Wissens reicht dieses durchaus löbliche Projekt oftmals leider nicht aus. Sein Status muss schon aus diesen theoretischen Gründen – schließlich darf jeder alles hineinschreiben, und dort steht es dann zumindest für eine Weile (zur Diskussion) – als notwendigerweise prekär eingestuft werden, von den nicht seltenen sprachlichen Schieflagen ganz zu schweigen.

Vom Nutzen und Nachteil der Wikipedia für die Recherche

Zusammenfassend sei noch einmal auf drei wichtige Momente hingewiesen, die typischerweise bei nahezu jeder größeren Recherche

Höhen und Tiefen einer Recherche

auftauchen: (1) Eher früher als später wird sich der Eindruck einer Informationsüberflutung einstellen. Es gibt immer schon viel zu viel zu wissen.[44] – Das muss man aushalten. Und sportlich sehen: Was spricht dagegen, bis an die Grenzen der Verarbeitungskapazität beim Bibliographieren zu gehen? Oder auch darüber hinaus? Es kann einen eigenen Reiz ausmachen, Bücherlisten zu überfliegen, bis der Kopf zu dampfen droht. Denn in dieser informationellen Erschöpfung liegt eine spezifische Kraft, die mit einer unruhigen Produktivität verknüpft ist. – Allerdings sollte man sich auch die nötige Zeit geben, damit sich die Eindrücke ordnen können. Spätestens mit dem Ausdruck der ersten Liste von Büchern, die nunmehr in der Bibliothek zu beschaffen sind, kann man dann schon fast selbstverständlich auf diesen ersten Orientierungssinn zurückgreifen. (2) Die Frustration über einen Text, meistens über einen Aufsatz oder gar eine ganze Monographie, die einen Teil dessen schon letztgültig abzuhandeln scheint, was man eigentlich selbst beschreiben wollte, ist unvermeidlich. Auch das muss man aushalten. Oftmals ist alles immer schon gesagt. Nur nicht mit Ihren Worten. Früher oder später wird man wohl auf einen Text stoßen, der vieles von dem, was einem als besonders originell einfiel, schon vorwegnimmt. Das Glück in einem solchen Unglück wäre, dass man vergleichsweise früh in seiner Recherche auf diesen Text trifft. Wenn's wirklich so hart kommt, hilft nur eines: Neues Thema und andere Idee verfolgen. (3) Einer der erhebensten Momente während der Recherche besteht darin, ganz unverhofft auf eine vielversprechende Quelle zu stoßen. Dies geschieht für gewöhnlich eher später als früher, schon allein weil sich erst die Sinne für das Vielversprechende schärfen müssen (‚… taucht dieser Text tatsächlich nicht in der Sekundärliteratur auf?'). Die damit verbundene Euphorie kann man durchaus genießen, denn gemessen an der Anzahl der Suchergebnisse einer üblichen Recherche tritt sie nicht gerade häufig ein.

Von Michel Foucault wird berichtet, dass er während der Arbeit an seinen diskursanalytischen Schriften versuchte, systematisch den

---

44 Glücklicherweise ist das kein neues Phänomen, sondern mindestens so alt wie der Buchdruck, vgl. dazu einschlägig Blair (2010), S. 55–61. Sie befinden sich also in bester Gesellschaft.

Zufall ins Spiel zu bringen. Er soll die Bibliotheksdiener der Bibliothèque Nationale gebeten haben, ihm wahllos Bücher aus den Regalen auszuheben. Eine systematische Aufstellung der Bücher vorausgesetzt, lässt sich so der Zufallstreffer kultivieren: ‚Bringen Sie mir irgendetwas aus dem 18. Jahrhundert über Delinquenz …‘ Heute, nachdem man in Präsenzbibliotheken inzwischen als der eigene Bibliotheksdiener agiert, reicht es oftmals aus, mit dem Finger am Regal die Aufstellungen abzuschreiten, um dem Zufallsfund eine Chance zu geben. Doch diese Art des Querlesens gehört eigentlich schon ins nächste Kapitel.

## Schritt 3
## Lektüre

"I took a speed-reading course and read *War and Peace* in twenty minutes. It involves Russia".
Woody Allen

„‚Es freut mich das zu hören' sagte der Advokat. , ‚Hat er aber auch mit Verständnis gelesen?' […] ‚Darauf kann ich natürlich', sagte Leni, ‚nicht mit Bestimmtheit antworten. Jedenfalls habe ich gesehen, daß er gründlich las. Er hat den ganzen Tag über die gleiche Seite gelesen und beim Lesen den Finger die Zeilen entlanggeführt.'"
Franz Kafka, *Der Proceß*

Zentraltugenden einer wissenschaftlichen Lektüre

Worin bestehen nun die Anforderungen an eine angemessene wissenschaftliche Lektüre? Kafkas Motto macht es unmittelbar klar, Gründlichkeit und Genauigkeit einer Stellenlektüre sind ebenso Bestandteil des gelehrten Lesevorgangs wie das souveräne Überblättern, das kursorische Lesen, um Überblick zu gewinnen, also das, was Block – *nomen est omen* – in Kafkas *Proceß* gerade nicht vermag. Neben der unerlässlichen Gründlichkeit zählen zwei weitere Eigenschaften zu den Zentraltugenden einer wissenschaftlichen Lesefähigkeit, die – ganz wie die Fähigkeit zum Stabhochsprung oder Marionettenspiel – der Effekt von ausdauernder Übung ist und dementsprechend vom Beginn des Studiums an trainiert zu werden lohnt: Einerseits gilt es, *viel* zu lesen, andererseits sollte die Lektüre *problemorientiert* ausgerichtet sein.

Zu den Standardtopoi der Kulturkritik gehört immer auch die Klage über den Bildungsverfall à la ‚noch nie wurde so wenig gelesen wie heute'. Angefangen bei Seneca über Kant bis hin zu Adorno wird der Dozent einer höheren Lehranstalt nicht müde, die vermeintliche Unbildung der jeweiligen Studierendengeneration zu geißeln und sich selbst als den Letzten seiner Art zu begreifen. Auch heute fehlt es kaum an diesen Unkenrufen. Die Zeiten waren noch nie so schlimm wie immer. Wie kann man dem begegnen? Gelehrsamkeit gründet auf Lektüre, und zwar auf viel Lektüre. Auch ein Studium, beispielsweise der Medienwissenschaft mit Schwerpunkt Film, enthebt Sie nicht der Notwendigkeit, vor allem zu lesen. Lesen. Lesen. Nur *wie* stellt man das am besten an? Wenn Sie dazu neigen, sich an den klassischen Traditionen zu orientieren und dementsprechend Rat bei kanonischen Autoren suchen, könnte Plinius der Jüngere vielleicht weiterhelfen: „multum legendum esse, non multa". Viel gilt es demnach zu lesen, nicht vieles. So schön das klingt, es folgt – im Extremfall – doch eher dem Modell des blockierten Lesers aus Kafkas Roman. Dementsprechend sei ein deutlicher Widerspruch angemeldet gegenüber Plinius' Wortspiel. Lesen Sie viel *und* vieles. Verschaffen Sie sich möglichst breite Überblicke über die Fachtraditionen, Forschungsfragen und allgemeinen Debatten. Lesen Sie viel von vielem. So fordert es die Diskursanalyse. Wie sonst kann man sich auskennen oder zum Experten werden? Bringen Sie auch einmal den Zufall ins Spiel. So wie Foucault die Bibliotheksdiener für sich mobilisierte, kann man selbst mit dem Finger am Regal entlanggehen. Systematisches Streunen und Querlesen in den Bücherreihen einer Präsenzbibliothek, bei der Auslage der Neuanschaffungen oder auch in den aktuellen Zeitschriftenauslagen – weniger in der Bahnhofsbuchhandlung, sondern – in der Bibliothek, tragen dazu bei, ein eigenes Netzwerk aus Verweisen und Wissensbausteinen zu verdichten, das grundlegend ist für die Einschätzung der Relevanz eines gefundenen Aufsatzes, aktueller Debatten oder ob sich ein Buch zu lesen lohnt.

Vielheiten

Sobald es jedoch darum geht, sich in die ausgewählten Monographien und einschlägigen Aufsätze zu vertiefen, greift eine andere Strategie, die man – mit einem Wort von Niklas Luhmann – als „problemorientiert"[45] charakterisieren kann: Es ist die konzentrierte Lektüre, die weniger auf die Ausbildung eines wissenschaftlichen Urteilsvermögens als auf die direkte Auseinandersetzung mit einem Themenfeld und die Verwertung des Gelesenen für die eigene Argumentation zielt. Dabei muss man „hochselektiv lesen und weitläufig vernetzte Referenzen herausziehen können. Man muß Rekursionen

Problemorientiertes Lesen

45 Hagen (2004), S. 106.

nachvollziehen können."[46] Das heißt, man muss das Gelesene in Beziehung setzen zu Wiederholungen auf anderen Ebenen innerhalb eines Texts gleichermaßen wie den Abgleich des Gelesenen mit dem eigenen Wissenshorizont. Die selektiven Zugriffe auf den Inhalt erfolgen dagegen üblicherweise mit Hilfe der vom Buch oder Aufsatz bereitgestellten Para- und Metatexte, also über das Inhaltsverzeichnis, Register, die Einleitung und Zusammenfassung. Diese Beiwerke zum Text sind schließlich nicht umsonst geschrieben, sondern wollen Orientierung geben, damit man sich leichter im Dickicht des Geschriebenen zurechtfindet. Auch hier gilt wie bei allen anderen Lektüretechniken: Erst „längere Übung [bringt] größere Leichtigkeit und eine gewisse Meisterschaft."[47] Mit anderen Worten, allein die Erfahrung verschafft jene Souveränität, die im Umgang mit wissenschaftlicher Literatur unabdingbar bleibt. Tröstlich für den Anfänger: Mit jedem Text wird's leichter.

Lesen nach Schema F

Es ist ratsam, folgendes Ensemble von Fragen bei der Lektüre mitzuführen, auch wenn sich freilich nicht jeder Text nach diesem Schema F gleichermaßen gut einlesen lässt (‚F' steht für ‚Fragen').

- Worin besteht die zentrale Fragestellung?
- Welche These wird formuliert, um das Material zu bündeln und argumentativ zu entfalten?
- Lässt sich eine Struktur ausfindig machen, welcher der Argumentationsgang folgt (z. B. eine Variation des Rhetorikschemas)?
- Wie lässt sich die Strategie charakterisieren, der sich der Autor mit seinem Text verpflichtet fühlt (handelt es sich beispielsweise um eine Polemik, eine Einführung, eine grundsätzliche Abhandlung oder eine detaillierte Fallanalyse)?
- Welches ist der wichtigste Satz des Texts (auf Pointe lesen)?
- Wie lauten die zentralen Begriffe, die eine besondere Explikation erfahren? Denn geisteswissenschaftliche Erkenntnisfindung ist schließlich immer auch Begriffsarbeit.

---

46 Luhmann (1995/2001), S. 154 f.

47 Fonck (1908), S. 161.

- In welche methodischen und theoretischen Kontexte bettet sich der Text ein? Oder versucht er gar, eine eigene Theorie(-sprache) zu entwickeln?

Mit diesen Fragen erschließt sich recht rasch vor allem die Schauseite des Texts. Aber es gibt natürlich immer noch die Rückseite, über die sich ein Text für gewöhnlich ausschweigt. Oder anders, man kann Literatur stromlinienförmig oder aber ‚gegen den Strich' lesen. Letzteres zeichnet den souveränen, wissenschaftlichen Leser aus. „Dabei ist es sinnvoll, sich immer mitzuüberlegen: Was ist nicht gemeint, was ist ausgeschlossen, wenn etwas Bestimmtes behauptet wird? [...] Sehr häufig gibt der Text auf diese Frage nach der anderen Seite seiner Aussage keine oder keine eindeutige Antwort. Aber dann muß man ihm mit eigener Imagination auf die Beine helfen."[48]

Problemorientiert lesen bedeutet aber auch, während der Lektüre die Beziehungen zu den eigenen, vorab entwickelten Hypothesen im Blick zu behalten und das Gelesene auf Übereinstimmungen, stützende oder gefährdende Argumente hin zu überprüfen. Noch während man liest, sollte man auf einer übergeordneten Ebene immer wieder sein Anliegen an den Text einblenden: Wie verhalten sich die hier gefundenen Informationen zu den eigenen Hypothesen? Inwieweit decken sich die Interessen des Autors mit den eigenen Vorstellungen? Wie verhalten sich meine abweichenden Ideen und Überlegungen zu den hier vertretenen? Schärfen sich die eigenen Hypothesen während der Lektüre, oder erweist sich eine Modifikation der eigenen Annahmen als notwendig? Die problemorientierte Lektüre liefert damit bereits eine ganze Menge an Beobachtungskategorien und Frageschemata, die man bei der Lektüre eines einzigen Texts zu beachten hat. Oftmals gelingt es aber nicht, diese unterschiedlichen Ebenen gleich beim ersten Lesen abzudecken und allesamt mitzudenken. Nicht umsonst hat sich bereits seit langem für wissenschaftliche Lektüren ein Sprichwort bewährt, dem Sie – zumindest für die zentralen und reichhaltigen Texte innerhalb eines

48 Luhmann (1995/2001), S. 155.

Problemzusammenhangs – stets Beachtung schenken sollten: „Einmal ist keinmal" (Jean Paul).[49]

Kleiner historischer Exkurs zur Entwicklung der Lektüretechniken: Bereits im Rahmen einer frühaufklärerischen Reformpädagogik legt der Göttinger Philologe Johann Matthias Gesner dieses Gebot der Wiederholungslektüre einer weitreichenden Unterscheidung zu Grunde: Statt wie bisher die Lektürepraktiken vorzugsweise in laut und leise einzuteilen, schlägt er 1735 vor, das Lesen in zwei verschiedenen Modi zu unterscheiden, in die *cursorische* und die *statarische* Lektüre. Seit der Scholastik gilt die stille Lektüre als die bevorzugte Technik zum Selbststudium gegenüber einem lauten Lesen als der geeigneteren Vermittlungsform.[50] Wie genau der verstummte Leser dabei jedoch vorzugehen habe, davon ist in den mittelalterlichen Leseanweisungen allenfalls vereinzelt die Rede. Gesner fordert nun für den Schulunterricht systematisch eine doppelte Lesestrategie. Die erste, *cursorische*, schnelle Lektüre soll den Text in seinem Zusammenhang deutlich machen. Sie zielt aufs Ganze, während die zweite ruhigere, *statarische* Lektüre auf die genauere Erkenntnis, auf einzelne Stellen und das Detail abhebt.[51]

Lektüretechniken, historisch

Wenn im Laufe des 18. Jahrhunderts mit Gesners Vorschlag das Tempo und die Variation des Tempos innerhalb eines Texts zum Merkmal für die Qualität von Lektüre wird, so ist es eigentlich offenkundig, wie man sich diese Differenzierungen selbst zu Nutze machen kann. Am besten, man experimentiert, und zwar in jedem Text aufs Neue.

Lektüretechniken, praktisch

49 Genau genommen verläuft das Kalkül umgekehrt: Ein Buch, das nicht zweimal zu lesen lohnt, ist auch keiner einmaligen Lektüre wert: „statt zweimal nur einmal = keinmal", vgl. Stanitzek (1992), S. 122, 126.

50 Wenn bereits der Kirchenvater Augustinus im 4. Jahrhundert die stille Lektüre für die konzentrierte Exegese veranschlagt und das laute Lesen der Predigt und Rezitation vorbehält, so bricht sich diese Forderung erst in der Scholastik Bahn, was nicht zuletzt mit der Veränderung der klösterlichen Bibliotheksarchitektur am Ende des 13. Jahrhunderts korrespondiert: Die Umstellung von der Zelle zum Lesesaal mit seinen kollektiven Nachschlagewerken verändert ebenso die gängige Lektürepraxis: Stilles Lesen wird zur Pflicht, vgl. Bickenbach (1999), S. 78, 89.

51 Vgl. Kopp und Wegmann (1988) und Bickenbach (1999), S. 137–146.

Allerdings sollte man sich dabei nicht von den üblichen Verheißungen einer betriebswirtschaftlichen Rhetorik, also dem Versprechen einer auf Effizienz getrimmten, überproportionalen Lesegeschwindigkeitssteigerung blenden lassen. Die hier üblichen Ratschläge reichen von ‚Wortinseln aufklauben' bis hin zu ganze Paragraphen in einem Zick-Zack-Muster zu überfliegen; solche Hinweise gibt's ebenfalls in Buchform und sie sind Legion.[52] Sicher, man kann immer noch etwas rascher lesen, ganz wie Woody Allen, der infolge eines Schnellesekurses empfiehlt, zunächst nur die unbestimmten Artikel wegzulassen, dann alle Adjektive, später auch die Verben, um auf diese Weise die *Brüder Karamasow* in einer Viertelstunde durchzulesen. Über eines sollte man sich dabei jedoch stets im Klaren sein: Man kann mit diesen Techniken *nicht* jene Genauigkeit, Sammlung und Auskostung der Sinnebenen erreichen, die zur Erfassung nicht nur eines literarischen, sondern auch eines guten wissenschaftlichen Texts notwendig bleiben. Eine statistische Auswertung des Fernsehkonsumverhaltens in der Kurpfalz mag man so unmittelbar überblicken. Aber diese Form der flüchtigen Lektüre funktioniert weder bei Lyrik noch bei *Sein und Zeit*.[53] Entscheidend bleibt also, dass man sich eine souveräne Anpassung der Lesegeschwindigkeit an die jeweilige Textsorte und die jeweilige Passage innerhalb des Texts antrainiert. Auch ohne entsprechende Verkehrsschilder wird es einem immer geübteren Leser nicht entgehen, wo sich die Tempo-30-Zonen, die Spielstraßen und die Kilometer für Bleifüße erstrecken.

Einerseits ist es ratsam, jeden Text sogleich intensiv zu exzerpieren und in dem eigenen System der Aufzeichnungen – Zettelkasten, Literaturdatenbank – weiter zu bearbeiten, dazu gleich mehr im nächsten Schritt (ab Seite 61). Andererseits empfiehlt es sich ebenso, während der Lektüren mit einem graphischen System an Auszeichnungen zu arbeiten, das Sie einmal nach Belieben für sich festlegen sollten,[54] um es sodann in den Texten anzuwenden, allerdings natürlich nur dort, wo man (wiederum) nach Belieben hineinzeichnen darf. Sprich, auch

52 Vgl. dazu beispielsweise Wiegmann (1987).

53 Vgl. zu dieser Problematik auch Luhmann (1995 / 2001), S. 151 f.

54 Solange Sie selbst sie auch nach längeren Zeiträumen wiedererkennen, können die Auszeichnungsverfahren im Text durchaus idiosynkratisch sein.

wenn einem das eigene System sehr ausgeklügelt erscheint, wäre es ratsam, es anderen *nicht* mit Hilfe von fremden oder aus Bibliotheken entliehenen Büchern graphisch mitzuteilen. „Die Sammlung des Stoffes aus den Quellen und seine Benützung für eine wissenschaftliche Arbeit wird schließlich nur dann praktisch durchführbar sein, wenn man sich gewöhnt, mit der Feder [oder: Bleistift] in der Hand zu lesen und eine gutgeordnete Sammlung von Auszügen und Bemerkungen anzulegen.“[55] So lassen sich etwa wichtige Passagen im Text jeweils mit einem Bleistiftstrich kennzeichnen, während bei Passagen, denen Sie kritisch gegenüberstehen, eine andere Hervorhebungsform gewählt werden sollte. Erstreckt sich eine besonders interessante und dementsprechend hervorhebenswerte Passage über mehr als lediglich ein, zwei Zeilen, empfiehlt es sich, den entsprechenden Textabschnitt am Rand durch eine vertikale Linie zu markieren. Einzelne Begriffe, die Ihnen wichtig erscheinen (und später vielleicht als Schlagworte in die Literaturdatenbank oder den Zettelkasten wandern könnten), lassen sich umkreisen. Stoßen Sie hingegen auf eine Passage, die Ihnen so bedeutsam vorkommt, dass Sie den Text später für die Literaturdatenbank exzerpieren wollen, ⌊können Sie dies durch entsprechende Häkchen⌋ kennzeichnen, die Sie überdies am besten ebenfalls noch in der Marginalienspalte setzen, damit Sie ⌊das Zitat keinesfalls übersehen bei der späteren Durchsicht des Texts.⌋ Diese Form der graphischen Lektüre macht es noch etwas einfacher, sich einen Text zu eigen zu machen, ihn sich einzuverleiben, zumal er durch die Auszeichnungen bei einer späteren Wiedervorlage wiederum leichter zu verdauen ist: Ihre ganz persönliche Form von *Reader's Digest*. Allerdings empfiehlt es sich auch hier, den auf diese Weise ausgezeichneten Text am besten sofort, alternativ auch zu einem späteren Zeitpunkt, als eine Art der Relektüre, unbedingt in den Zettelkasten oder die persönliche Literaturdatenbank aufzunehmen, um die derart markierten Stellen als Exzerpte, Schlagworte oder Kritik an zentraler Stelle, in der Datenbank, auch später noch stets vorrätig zu haben.

Lektüretechniken, graphisch

⌊ ⌋

Konzentrierte Lektüre benötigt Kontemplation. Wenn man zum Lesen laute Elektrobeats zu hören pflegt, ist der Lesesaal der Bibliothek

55 Fonck (1908), S. 163.

vermutlich nicht der geeignete Ort für seine Arbeit. Wenn der Nachbar hingegen dazu neigt, ununterbrochen Techno-Musik aufzulegen, ist der heimische Schreibtisch womöglich nicht der richtige Ort zur Lektüre.

Orte des Lesens

Sobald die äußeren Bedingungen zu Hause nicht stimmen, bietet sich die Bibliothek als Rückzugsraum für konzentrierte Geistesarbeit an. Zugleich eröffnet die Bibliothek einen Wissensraum, der an Intensität ohnegleichen bleibt. Die geschäftige Ruhe, die den Lesesaal einer größeren Büchersammlung auszeichnet, die verstohlenen Blicke, die den Neuankömmling treffen wie einen stummen Herold, kreuzen sich mit den Blickachsen der abwesend in die Ferne Schauenden. Wer hat den höchsten Bücherstapel? Womit die sich wohl befasst? Wer blättert am lautesten? Wo liegt das ungewöhnlichste Buch? Was macht der denn da? Der Lesesaal erscheint als ein Soziotop, dessen Atmosphäre nicht ganz frei ist von Frivolität. – Ein Gang durch die Präsenzbestände flößt derweil nicht nur angesichts der ungezählten aufgespeicherten Worte ein *vanitas*-Gefühl ein – nur Mut, wir selbst wollen schließlich noch mehr dazu beitragen. Angesichts des Immerschonzuviel der Informationen gilt es, diesen Mengen mit Gleichmut zu begegnen. Aber der Gang in die Bestände führt uns auch in den Maschinenraum des Wissens, wo sich die Bibliothek als Meta-Medium zeigt: Hier, am systematisch geordneten Regal kreuzen sich die Wissenspfade, schwirren noch verborgene Referenzen zwischen den einzelnen Texten hin und her, die wir erst ausfindig machen wollen. Hier fühlt man „sich wie in der Gegenwart eines großen Capitals, das geräuschlos unberechenbare Zinsen spendet.“[56] Hier kann man ansetzen.

Was lesen?

Wenn sich die bisherigen Bemerkungen vor allem auf das ‚Wie‘ des Lesens bezogen haben, sei abschließend noch kurz auf die Frage eingegangen, ‚was‘ zu lesen sei. Freilich sind durch die thematischen Vorgaben, in deren Rahmen Sie Ihre Fragestellung entwickeln, gewisse Grenzen automatisch gesetzt. Es wäre auf den ersten Blick vermutlich nur bedingt ergiebig, die Auseinandersetzungen zum Prager Münzkonsortium 1622/1623 mit Rainald Goetz’ Roman *Johann Holtrop* gegenzulesen. Ein genauerer Blick auf beide Themenkomplexe fördert hingegen einige überraschende Korrespondenzen zutage. Dementsprechend

---

56 Goethe (1801/1994), S. 454.

sollte man sich nicht allzu rasch von Epochengrenzen und vermeintlichen diskursiven Unpässlichkeiten irritieren lassen. Der Maßstab, an dem sich die Lektüre für Ihre Studie bemisst, ist allein die Frage, ob sie zur Schärfung und Erklärung Ihres Argumentationsgangs wichtige Elemente und funkelnde Details beitragen kann. Dazu kann es gerade hilfreich sein, Texte auch jenseits des Kanons einer jeweiligen Disziplin heranzuziehen, also Texte, die womöglich im feuilletonistischen Tagesgeschäft gerade eine Rolle spielen (jede Arbeit ist ein Kind ihrer Zeit), oder Schriften aus anderen, disparaten Herkünften, die jedoch Ihrem Thema einen besonderen Akzent oder eine erhellende, neue Perspektive zu geben vermögen. Natürlich sollte man auch für die Abschlussarbeit Texte lesen, die Vergnügen bereiten. Texte, die *cool* sind. Texte, bei denen einem je nach Temperament ein ‚Sieh an.' oder ‚Krass!' entfährt während des Lesens.

Lektüre aus erster und zweiter Hand

Die Wahrscheinlichkeit solcher spontanen Äußerungen ist umso größer, je näher man sich an den Quellen, den authentischen Schriftstücken bewegt. Authentisch sind die Schriften insofern, dass sie noch keiner wissenschaftlichen Bearbeitung ausgesetzt gewesen sind. Sie bilden das Tor zur eigenen, originellen Erkenntnis, weil sie idealerweise noch niemand anderes vor Ihnen einer Analyse unterzogen hat. Für jedes ernsthafte Erkenntnisinteresse gilt daher das „Haupt- und Grundgesetz aller wissenschaftlichen Arbeit", das da lautet: „Geh zur Quelle selbst und begnüge dich nicht mit einem abgeleiteten Rinnsal."[57] Setzen Sie also eher auf das Motto des ungläubigen Thomas, als dass Sie sich mit Informationen aus zweiter Hand abspeisen lassen. Glauben Sie nichts, was Sie nicht mit eigenen Augen gesehen haben. Einen immer größeren Sektor innerhalb des gegenwärtigen Wissenschaftsbetriebs machen inzwischen leider jene Texte aus, die sich gerne als Systematisierungen ausgeben (manchmal auch unter dem Deckmantel der ‚Einführung'), dabei aber nicht einmal als Sekundärliteratur einzustufen wären, weil sie nichts anderes bieten als Tertiärliteratur, sprich: die Auswertung und Bündelung von Sätzen, die andere Autoren über andere Autoren geschrieben haben. Das erinnert kaum zufällig mehr an Wiederkäuen als an Wissenschaft. Quellen kennen diese

57 Fonck (1908), S. 150.

Autoren nur vom Hörensagen. Daher darf Ihr eigener Lektüreradar – wie bei einem Wünschelrutengänger – nur konsequent auf die Suche nach neuen Quellen eingestellt sein, und das heißt: Setzen Sie sich mit den Originalen und Primärtexten auseinander, nicht mit jener Second-Hand-Ware, die bereits durch drei Kollegenköpfe ausgefiltert worden ist. Denn dort können Sie keine originären Entdeckungen mehr machen. Mit Ihrer Abschlussarbeit stellen Sie nicht zuletzt unter Beweis, dass Sie eine ebenso umfassende wie selbständige Kritikfähigkeit erlangt haben, da sollten die Analyse und Einschätzung von Primärtexten die geringste Schwierigkeit darstellen.

„Die Würde der wissenschaftlichen Arbeit verlangt es, daß wir uns bei dem Studium der Quellen nicht mit der Übersetzung begnügen.“[58] ‚Übersetzung‘ ist hier durchaus im doppelten Sinne zu verstehen, aus einer fremden Sprache und aus einer fremden Feder. Lesen Sie also stets selbst nach in den Originalen. Nur wenn Ihnen die Sprachen nicht geläufig sind, sollten Sie zu Übersetzungen greifen. Aber kontrollieren Sie *immer*, ob das, was Sie dort und vor allem der Sekundärliteratur entnehmen, so auch stimmt. Trauen Sie beim Zitieren niemandem – außer Ihrer eigenen kritischen Haltung.

Immer ad fontes!

Wenngleich man vorab die Ergiebigkeit einzelner Schriften kaum sicher abzuschätzen weiß – ein Titel verrät zwar schon viel, hält jedoch bekanntlich nicht immer, was er verspricht –, so beginnt die geschickte Textverarbeitung bereits mit der Auswahl der Lektüre. Die Kunst liegt dabei in der Beschränkung: Eine gezielte Auswahl von Schriften, eine geeignete Selektion der Titel, die es zu verarbeiten gilt, verspricht stets größere Erfolgschancen, als sich kopfüber oder -los in die Fluten zu stürzen, was soviel hieße, wie alle verfügbaren Schriften von vorn bis hinten durchzuarbeiten. Entscheidender für eine lektüretechnische Bewältigung ist weniger die Masse als denn die Qualität des ausgewählten Lesematerials, auf dessen Grundlage Sie Ihre eigenen Schriften verfassen.

Wie viel lesen?

Nachdem nun der gesamte Abschnitt eher um die praktischen Aspekte des Lektüreprozesses kreiste, sei abschließend noch auf die fundamentalontologische Grundierung dieser Kulturtechnik verwiesen: Was

58 Fonck (1908), S. 162.

heißt das eigentlich, Lesen? „Das Tragende und Leitende im Lesen ist die Sammlung. Worauf sammelt sie? Auf das Geschriebene, auf das in der Schrift Gesagte. Das eigentliche Lesen ist die Sammlung auf das, was ohne Wissen einst schon unser Wesen in den Anspruch genommen hat".[59] Und diese ungewussten Referenzen gilt es nicht nur einzusammeln, sondern sich wiederum bewusst zu machen, und zwar so, dass sie uns jederzeit zur Hand sind. Diese Zuhandenheit erzeugt der Zettelkasten.

59 Heidegger (1954/1983), S. 111.

## Schritt 4
## Verzetteln

„Laß dir keinen Gedanken inkognito passieren und führe dein Notizheft so streng wie die Behörde das Fremdenregister."
Walter Benjamin, *Einbahnstraße*, 1928

Nicht viele Menschen verfügen über den Vorzug eines photographischen Gedächtnisses. Der überwiegenden Mehrheit bleibt es daher vorbehalten, auf andere, externe Merkhilfen zu setzen, wenn es darum geht, mit den aus der Lektüre gezogenen Informationen später weiterzuarbeiten. Das Problem ist freilich alt. Manche bemühen für diese Geschichte der Textverarbeitung einmal mehr die alten Griechen als Ahnherren.[60] Man muss in diesem Fall jedoch nicht ganz so weit zurückgehen, spätestens zu Beginn des Gutenbergzeitalters wird unter dem Eindruck immer größerer Büchermengen das Problem virulent, wie das einmal Gelesene festzuhalten sei. Einer der frühesten wie gleichermaßen einflussreichsten Traktate zum Thema erscheint 1638 aus dem Nachlass des jesuitischen Barockpredigers Jeremias Drexel. Ausgehend von der Einsicht, dass man sich nichts merken kann, wenn man es nicht notiert,[61] erteilt Drexel in *Aurifodina Artium et scientiarum omnium, Excerpendi Sollertia* dem faulen Lesen ohne Feder eine strikte Absage, um zugleich die Anweisung, sich während der Lektüre Notizen zu machen und entsprechende Exzerpte anzufertigen, zum Gesetz zu erheben. Wenige Jahre, bevor die 14. und letzte Auflage von Drexels Empfehlungen 1695 erscheint, liefert Vincentius Placcius 1689 in seinem Buch *De Arte Excerpendi. Vom gelahrten Buchhalten* nicht nur eine weitere Anweisung, sondern

60 So sieht beispielsweise Bickenbach (1999), S. 66, Aristoteles als den ersten Anreger zu Exzerpten an.
61 Vgl. Blair (2004), S. 98 f.

auch die passenden Bilder von entsprechenden Behältnissen und Geräten, um seine Notate zu verwalten.[62]

Angesichts dieser reichen Tradition geht man nicht fehl, den Empfehlungen der barocken Gelehrten zu glauben und so früh wie möglich mit der Einrichtung einer entsprechenden Apparatur zu beginnen. Schließlich erwächst bereits von der ersten akademischen Veranstaltung an die nicht zu unterschätzende Problematik, das Gehörte und Gelesene nicht nur zu verstehen und zu verarbeiten, sondern ebenso auf geeignete Weise festzuhalten und aufzubereiten, sodass es später stets ohne Schwierigkeiten abgerufen, hervorgeholt und weiterverarbeitet werden kann. Allerdings erlaubt der technische Fortschritt seit dem 17. Jahrhundert, auch auf andere Techniken als nur auf Papier und Holz zu setzen. Einerlei, ob Sie nun Ihre Notate während des Lesens vorzugsweise auf Papier, im Notebook oder mit dem Smartphone eingeben, stets gilt eine vergleichsweise schlichte Regel: Zum einen sollten Sie die Gedankengänge des Texts, seine Argumentationsstruktur ebenso wie wissenswerte Details oder Hinweise auf weiterführende Literatur, zum anderen aber auch schon eigene Kommentare oder Anmerkungen zu einzelnen Textpassagen sowie Zusammenfassungen und Ihre Kritikpunkte festhalten. Im Gegensatz zum Barock mit seinen exklusiv papierenen Verwaltungsformen versprechen heutige Computerprogramme allerdings einen etwas komfortableren Umgang mit dem anschließenden Problem, wie mit diesen Aufzeichnungen eine zweckmäßige Organisation zu erreichen ist und wie sie langfristig gepflegt werden können. Ein wesentlicher Vorzug liegt darin, dass Literaturdatenbanken auf Softwarebasis nicht bloß erinnern können, sondern ebenso als produktive Hilfe beim Herstellen von Argumentationen einzusetzen sind. Es geht also um die Frage, wie man mit einer solchen Datenbank umgeht, die zum einen die gelesenen Texte und beiläufig aufgenommenen Hinweise zu kanalisieren vermag, die zum anderen jedoch auch selbst als Ideenlieferant beim Verfassen von Texten dienen kann.

Hard- und Software

Insbesondere in der heißen Phase der Ausarbeitung, wenn Sie vom Lesen als vorherrschender Beschäftigung längst zum Schreiben

62 Vgl. zu diesen Exzerptschränken und zur weiteren Geschichte von Zettelkästen Krajewski (2002), S. 26–31.

übergegangen sind, taucht die Problematik unvermeidlich auf, sofern Sie nicht bereits gute Vorkehrungen getroffen haben: Sie erinnern sich an einen bestimmten Gedanken oder thematischen Zusammenhang, wollen ihn schnell noch einmal nachlesen, und stehen vor der Frage: ‚Wo stand das noch?' Wer kennt sie nicht, diese Situation, die an die Schwäche der eigenen Vergesslichkeit erinnert und eine bestimmte Formulierung, einen Gedanken oder eine Textstelle ins Gedächtnis ruft, ohne jedoch die Quelle, also den Ort, wo diese Stelle zu finden wäre, ebenfalls zu vergegenwärtigen. Genau hier, bei dieser Schwierigkeit, verspricht eine sorgfältig gepflegte Literaturdatenbank, Abhilfe zu schaffen. Denn Zettelkästen oder elektronische Literaturverwaltungen holen alle Texte, Hinweise und Gedanken, jede kleinste Notiz, die man einst in sie eingespeist hat, zuverlässig wieder hervor. Aber eine solche Literaturdatenbank kann noch ein wenig mehr, außer an Stellen zu erinnern, deren genauen Ort man selbst nicht mehr weiß. Was können Sie also weiterhin von einer solchen Apparatur erwarten?

Vergessen vergessen

Auch im umgekehrten Fall, wenn Sie sich auf die Suche nach Ideen oder Gedanken zu einem bestimmten Thema begeben und weder relevante Stellen noch passende Formulierungen im Augenblick parat oder allenfalls in dunkler Erinnerung haben, dass ein gewisser Text dazu möglicherweise etwas Interessantes birgt, kann Sie der Griff zum (elektronischen) Zettelkasten das Vergessen getrost vergessen lassen. Denn in einer Datenbank, die regelmäßig mit allem versorgt wird, was Sie im Laufe der Zeit lesen, hören und notieren, findet sich mit Sicherheit eine passende Stelle, ein Zitat, ein Exzerpt, eine Anregung oder nur ein Verweis, der im aktuellen Zusammenhang weiterhelfen kann.

Eine solche persönliche Literaturdatenbank muss also erinnern können, idealerweise nicht nur Sie, sondern auch sich selbst. Doch Erinnern, das Wort zeigt es bereits an, ist eine aktive Tätigkeit. Kann dies überhaupt von einer Maschine vollbracht werden? Ohne hier in die üblichen philosophischen Debatten über Künstliche Intelligenz geraten zu wollen, sei nur so viel angemerkt, dass eine entsprechend konstruierte Speichervorrichtung diesen und auch weitergehenden Aufgaben durchaus gewachsen ist. Falls Ihre Literaturdatenbank sich tatsächlich selbstständig erinnern kann (das heißt auf einen Stimulus, etwa einen Mausklick, längst vergessen geglaubte Gedanken hervorzuholen), so wäre das bereits viel, wenn auch eine gelegentlich langweilige, weil

Erinnern

vorhersehbare Angelegenheit. Wäre es nicht noch anregender, wenn die Datenbank mit bestimmten Eigenschaften ausgestattet wäre, die den Funktionen eines menschlichen Gedächtnis ähneln? Wieso sollte eine Literaturdatenbank nicht mit Überraschungen und Unvorhergesehenem aufwarten können? Wieso nicht den Zufall ins Spiel der Zitate einbauen, oder aber durch eigene Assoziationen Begriffe und Argumente in Verbindungen bringen, die Sie als Nutzer kaum jemals so im Zusammenhang gesehen hätten? Sofern eine Literaturdatenbank über solche Fähigkeiten verfügt, könnte man sie vielleicht tatsächlich gewissermaßen als ausgelagertes Textgedächtnis, als eine Art Gedächtnismaschine und gar als einen „Kommunikationspartner"[63] betrachten.

Welchen Anforderungen muss nun ein elektronischer Zettelkasten einschließlich der Quintessenz seiner historisch gewachsenen, analogen Fähigkeiten genügen, um Ihnen als persönliche Literaturdatenbank die Abschlussarbeit zu erleichtern? Im Wesentlichen sind es drei Handhabungen, bei denen einem die Apparatur zur Seite steht: (1) Die Eingabe der Exzerpte: Aufnahme in die Datenbank finden hier die möglichst umfassenden bibliographischen Angaben von Texten sowie Schlagworte und eigene, auch umfangreiche Berichte und Anmerkungen, die während der Lektüre entstehen. (2) Die Verarbeitung: Die Suche nach Informationen erfolgt anhand von zwei unterschiedlichen Zugriffsstrategien: Einerseits können Sie gezielt nach Begriffen oder Personen forschen, andererseits können Sie sich auf eine ausschweifende, assoziative Suchbewegung begeben, die es erlaubt, die gespeicherten Daten auf produktive und manchmal auch überraschende Weise miteinander zu verbinden, um so neue Gedanken mittels Kombinationen vorhandener Begriffe oder Schlagworte herzustellen. (3) Die Ausgabe: Aus dem immer weiter wachsenden Datenbestand können Sie wahlweise einzelne Exzerpte, Kommentare und eigene Gedankenskizzen herausholen oder aber bereits vollständige Bibliographien zusammenstellen, die anschließend nur noch an eine fertiggestellte (BA-, MA- oder Doktor-)Arbeit anzufügen sind.

Grundfunktionen der Literaturdatenbank

Zunächst zur Anfertigung der Exzerpte: Demnach sollten Sie schon beim Lesen – siehe Seite 54 – Ihre Aufmerksamkeit auf

63 Luhmann (1981), S. 222.

entsprechende Hinweise, was Ihnen als aufbewahrenswert erscheint, sowie auf eine Verweisstruktur richten, die Sie im Zettelkasten später wiederfinden möchten. Betrachten Sie alle zu lesenden Texte also stets als eine Art Gedankenreservoir, als eine Materialsammlung, die es fortlaufend auszuwerten gilt, um Ausgangspunkte und Argumentationselemente für Ihre eigenen künftigen Texte zu schaffen. Nehmen Sie interessante Hinweise auf weiterführende Literatur oder Quellen auf. Versammeln Sie diese jedoch immer direkt am selben Ort, also in der persönlichen Literaturdatenbank. Anderenfalls droht Ihnen, sich zu verzetteln, allerdings in der anderen Bedeutung dieses Worts.

Eingabe: Exzerpieren

Angesichts der Tatsache, dass Sie vermutlich selten alle Texte, mit denen Sie sich im Laufe der Zeit befassen, auch später noch leicht zur Hand haben werden, sollten Sie – insbesondere wenn sie mit entliehenen Texten arbeiten – diese bereits im Augenblick der Lektüre möglichst genau erfassen, und zwar so, dass man später bestenfalls gar nicht mehr auf die Schriften selbst zurückgreifen muss, sondern nur noch auf die während der Lektüre angefertigten Exzerpte. Dazu ist es zunächst notwendig, die bibliographischen Angaben, also Autor, Titel, Untertitel, Herausgeber, gegebenenfalls Buchreihen, Verlag, Erscheinungsort und -jahr, Auflage, Bibliothekssignatur etc. sorgfältig festzuhalten. Allerdings liest man ja nicht ausschließlich Bücher, sondern ebenso Zeitschriftenaufsätze und Artikel aus Zeitungen oder Sammelbänden, die wiederum andere bibliographische Kategorien erfordern als Monographien, also z. B. Zeitschriftenname, Jahrgang, Heftnummer usw. Man sollte seine Literaturangaben also von vornherein unterscheiden etwa in Monographien, Zeitschriftenartikel, Aufsätze aus Sammelbänden, Vorträge, unveröffentlichte Typoskripte, Websites und einfache, unspezifizierte Zettel für eigene Gedanken aller Art, denen allen wiederum unterschiedliche Beschreibungskategorien, also ein jeweils anderes Bündel an bibliographischen Angaben zukommen.

Nachdem die bibliographische Verzeichnung vorgenommen ist, kann man sich ganz der Lektüre widmen. Es empfiehlt sich, von Zeit zu Zeit inhaltliche Zusammenfassungen zu notieren. Damit führt man sich das Gelesene nochmal vor Augen, hält so Wichtiges und Interessantes fest und beginnt bereits durch eine erste Paraphrase mit eigenen Worten den zur Kritik notwendigen Abstand zum Text herzustellen. Man protokolliert gewissermaßen seine eigene Lesart. Die Kritik selbst sowie Anmerkungen zum Inhalt, selbstständige, weiterführende Gedanken notieren Sie am besten auf einer eigenen, typographisch unterschiedenen Ebene, also etwa eingefasst durch eckige Klammern [in etwa so könnte hier Ihr Kommentar zu dieser Empfehlung stehen]. Alles von Wichtigkeit, alles, was möglicherweise einmal von Interesse sein könnte, gilt es zu notieren, und zwar sofort und an zentraler Stelle, das heißt immer in dieselbe Datenbank.

Schon während der Lektüre und Kommentierung des eigentlichen Texts sollten Sie weder die dortigen Anmerkungen in Form von Fußnoten noch am Ende die Literaturverzeichnisse außer Acht lassen. Vielversprechende bibliographische Angaben lohnen sich in der Regel direkt ebenso umfassend aufzuschreiben, als wenn man sie zur Grundlage einer neuerlichen Lektüre wählen würde. Am besten legt man für einen derartigen Hinweis prompt einen neuen Eintrag an (vgl. Abb 2).

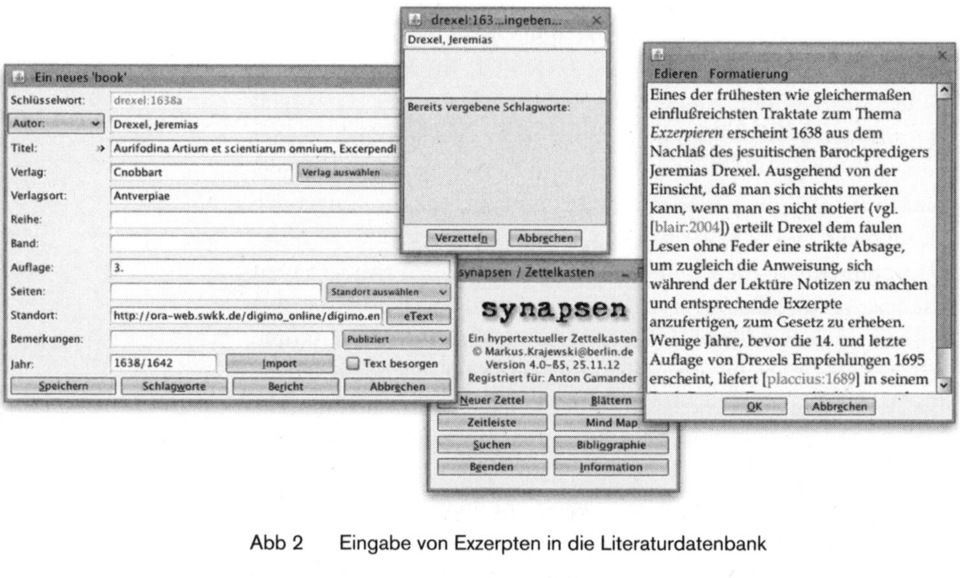


Abb 2 Eingabe von Exzerpten in die Literaturdatenbank

Hat man es sich einmal zu eigen gemacht, seine Literatur sowie Lesefrüchte und Lektüreberichte fortwährend und direkt in eine dazu geeignete Datenbank einzuspeisen, so entsteht mit der Zeit ein persönlicher Wissensspeicher, eine Sammlung alles Gelesenen. Doch auch im Umgang mit diesen allmählich anschwellenden Textmengen sind Sie mit dem Problem des *WWW* konfrontiert: *Wie* ist das darin vorhandene *Wissen wiederzufinden*? Zwei unterschiedliche Strategien erschließen dabei den Weg zu den gespeicherten Erkenntnissen: einerseits eine lineare und andererseits eine assoziative Suche. Bei der Ersten durchsuchen Sie den gesamten Datenbestand Eintrag für Eintrag nach einem Begriff oder einer gewünschten Buchstabenkombination. Die zweite Suchstrategie kann sich als interessanter erweisen, denn sie folgt einem enzyklopädischen Prinzip der Wissensordnung: Anhand einer Sammlung von Schlagworten oder Begriffen, die den jeweiligen Text oder Gedanken klassifizieren, gelangen Sie von einem Eintrag zum nächsten. Die Verbindung zwischen den jeweiligen Texten ist dabei nicht ein gleichbleibender Suchbegriff, sondern einzig die thematische Nähe, die im Übergang von einem zum nächsten Eintrag schon wieder eine andere sein kann (vgl. Abb 3).

Verarbeiten: Finden, Klassifizieren, Verbinden

Während die lineare Suchstrategie also auf das sofortige Auffinden von intendierten, und das heißt immer schon vorausgesetzten Begriffen abzielt, unternimmt die assoziative Suche eine ausschweifende Erinnerungsreise durch das eigene Textgedächtnis, deren Zielrichtung sich im Verlauf der Suche unablässig verändert. Ein gesuchter Begriff ist allenfalls noch in der ersten Etappe intendiert. Schon der nächste Datenbankeintrag bietet zahlreiche andere Begriffe als Querverbindungen an, die es im aktuellen Zusammenhang möglicherweise zu verfolgen lohnt. Sie sehen sich so vor die Entscheidung gestellt, müssen also unter verschiedenen Möglichkeiten wählen, welchem der angebotenen Verweise zu Einträgen mit wiederum neuen, unbekannten Verweisen Sie am ehesten nachzugehen gedenken. Auf diese Weise ereignet sich während des Stöberns im Datenbestand eine stetige Verlagerung des Fokus Ihrer Suche, die somit zu überraschenden Ergebnissen führen kann. Man erhält so Resultate, die man zuvor kaum in den Blick bekommen geschweige denn in Erwägung gezogen hätte. Ein Beispiel mag das verdeutlichen: Als Ausgangspunkt dient der Eintrag *Peter Krezschmers Oeconomische Vorschläge, wie das Holz zu vermehren, Obst-Bäume zu pflanzen, die Strassen in gerade Linien zu bringen, mehr Aecker dadurch fruchtbar zu machen, die Maulbeer-Bau-Plantagen, damit zu verknüpffen und die Sperlinge*

Assoziative Suche

*nebst den Maulwürffen zu vertilgen*, Leipzig, 1744, wo sich neben Verweisen zu Holz oder Obstbäumen in der Vorrede von Georg Heinrich Zincke auch eine Passage über die Fantasie befindet, anhand deren sich eine Verbindung eröffnet zu Gustav René Hockes Studie über den Manierismus (*Die Welt als Labyrinth*), die ihrerseits ebenso unter dem Begriff der Spionage verschlagwortet ist. Dies leitet geradewegs zu einem gewissen H. Ruß über, der 1931 einen Aufsatz über „Die Kundenkartei und ihre Auswertung" verfasst hat, in dem er auf Seite 82 eine Kartei als Spionagesystem über den Kunden beschreibt (ein Schelm, wer jetzt an Facebook denkt), um anschließend einige Passagen über Werbung anzufügen. Unter diesem Schlagwort befindet sich an erster Stelle ein Eintrag der Allgemeinen Elektricitäts-Gesellschaft von 1901 über „Elektrische Reklame-Beleuchtung", die wiederum unter dem Begriff ‚Beleuchtung' auf einen Eintrag von Vilém Flusser verweist, der in seinem Buch *Dinge und Undinge* nicht nur über Straßenlaternen, sondern auch über Schach, Teppiche, Räder, den Atlas oder aber über einen Stock philosophiert. Anhand dieser kleinen (Lese-)Reisebeschreibung durch das ausgelagerte Textgedächtnis lässt sich vielleicht schon absehen, inwieweit eine solche Literaturverwaltung Anregungen geben kann und Hinweise liefert, die nicht nur sprichwörtlich von Hölzchen auf Stöckchen führen, sondern auch (Argumentations-)Wege in zahlreiche andere Richtungen vorschlagen.

Von Hölzchen auf Stöckchen

Wenn man davon ausgeht, dass sich Gedanken auf Begriffsanordnungen und Argumentationen ihrerseits auf Gedankenanordnungen stützen, so lässt sich diesem Spaziergang durch das ausgelagerte Textgedächtnis mit einiger Plausibilität eine kreative Funktion zuschreiben: Durch die Reihung der Begriffe, die Ihnen das ausgelagerte Textgedächtnis anbietet, formt sich durch Ihre Auswahl und Verfolgung eine Gedankenkette, die wiederum als Argumentation für eine Textpassage dienen kann. Auf jede Ihrer Entscheidungen, welchen Weg es einzuschlagen gilt, folgt prompt eine Reaktion des Zettelkastens, indem er in Abhängigkeit von der zuvor getroffenen Wahl ein neues Bündel an Begriffen, an anschlussfähigen Argumenten bereitstellt. Ihre Literaturdatenbank dient also nicht bloß als Stichwortgeber oder Souffleur, sondern gewissermaßen als Gesprächspartner in Sachen Ideenfindung oder als Diskutant für Argumentationen. Die Literaturdatenbank, die über eine solche assoziative Such- oder besser Diskussionsfunktion verfügt, gerät damit zum jederzeit auskunftsfreudigen Lieferanten von Begriffsketten als Ausgangs- und Stützpunkte einer Argumentation, der Sie beim Schreiben Ihres Texts folgen. Nutzen Sie also die Funktionen einer Software, die gezielt mit Zufällen und Unvorhergesehenem umzugehen weiß, sodass sie ihren Betreiber mit neuen alten Argumenten zu überraschen versteht.

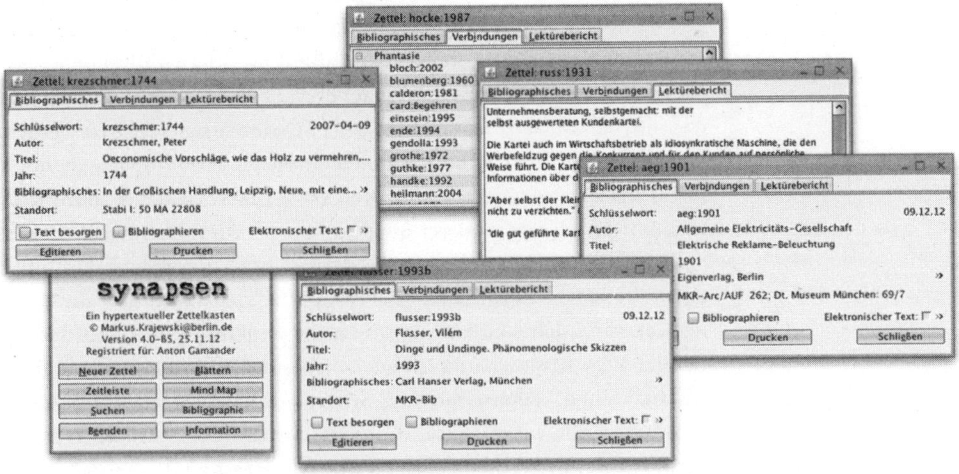


Abb 3 Von Hölzchen auf Stöckchen

Die beiden skizzierten Suchstrategien unterscheiden sich also grundlegend: Während die lineare Suche darauf zielt, bereits im Vorhinein vergegenwärtigte Argumente, Begriffe, Zitate und Gedanken wiederzufinden, besteht die Leistung der assoziativen Suche darin, den Querverweis abzurufen als unerwartete Erinnerung an weiterführende Textbausteine, um aus ihnen per Kombination neue, überraschende Argumentationen zu konstruieren, das heißt, auf diese Weise Gedankengänge zu *erfinden*.

Verschlagwortung und Querverweise

Grundvoraussetzung für eine solche produktive Art des Suchens ist selbstverständlich, dass Ihre Literaturdatenbank über die Möglichkeit verfügt, jeden Eintrag mit einer Anzahl von Schlagworten zu versehen, die den einzugebenden Text anhand der vergebenen Begriffe inhaltlich erschließt und thematisch klassifiziert. Wenngleich diese Form der Querverweisung schon früher in den Karteisystemen um 1900 breite Anwendung gefunden hat, so erlaubt jedoch erst der Computer, von dieser Möglichkeit einer hypertextuellen Verlinkung einfach und effizient Gebrauch zu machen, bestenfalls sogar durch eine automatisierte Verbindung von neuen Einträgen mit den bereits vorhandenen. Auf diese Weise wird die Assoziation leicht gemacht: Wie bei einem Lexikoneintrag erlauben die systematisch, weil automatisch, geschaffenen Querverweise, Ihre Suche in eine kreisende Bewegung, in einen enzyklopädischen Spaziergang zu verwandeln. Jeder Text, der in die Literaturdatenbank wandert, sollte – ganz im Sinne der bibliothekarischen ‚Sacherschließung' – immer so genau wie möglich und so viel wie nötig mit Schlagworten versehen werden.

Sofern Sie Ihre Suche gelegentlich weder enzyklopädisch noch linear nach vorgegebenen Begriffen vornehmen möchten, empfiehlt es sich, ein Gesamtregister aller Autoren und Schlagworte anzulegen, wo Sie auf einen Blick überschauen können, welche Einträge zu den jeweiligen Begriffen bzw. Personen bereits vorhanden sind (vgl. Abb 4). Ein solches Gesamtregister kann gleichzeitig als Orientierung bei der Verschlagwortung dienen. Insbesondere wenn es fraglich ist, ob man einen neuen Begriff als Schlagwort einführen soll oder aber den Sachverhalt unter einem bereits vorhandenen zu fassen sucht, kann ein Register eine wichtige Hilfe für derartige thematische Klassifikationen sein.

Abb 4 Das Gesamtregister zeigt die Homogenität des Heterogenen

Einer der letzten großen Gelehrten des 20. Jahrhunderts, der seine wissenschaftliche Textproduktion ebenso vollständig wie konsequent auf papierenen Zettelkästen gründete, bemerkte zu seiner Arbeitsweise einmal: „Jede Notiz ist nur ein Element, das seine Qualität erst aus dem Netz der Verweisungen und Rückverweisungen im System erhält."[64] So wie Luhmann auf seinen Zetteln sich stets die Möglichkeit offen hielt, Verknüpfungen zu anderen Zetteln herzustellen, sollte eine elektronische Literaturdatenbank oder ein hypertextuelles Zettelkasten-System über eine entsprechende Funktion verfügen, die solche Querverweise in Form von Schlagworten aufnimmt, um jeden neuen Begriff mit den bereits vorhandenen zu vergleichen und, falls

Die Datenbank als Dialogpartner

64 Luhmann (1981), S. 225.

zwei übereinstimmen, automatisch neue Verbindungen zwischen den Einträgen einzurichten. Durch die allmählich engermaschig geratenden Verknüpfungen entwickelt sich so ganz beiläufig und (beinahe) ohne eigene Unterstützung das Geflecht oder die Textur Ihrer Lektüren. Nochmals Niklas Luhmann: „Als Ergebnis längerer Arbeit mit dieser Technik entsteht eine Art Zweitgedächtnis, ein Alter ego, mit dem man laufend kommunizieren kann."[65]

Es muss kaum eigens erwähnt werden, dass eine solche sich selbst vernetzende Literaturdatenbank nicht bloß auf Dauerhaftigkeit auch jenseits des Studiums ausgelegt ist, sondern ihrerseits erst eine Zeit lang fleißig mit Daten gefüttert werden will, bevor sich ein dichteres Gewebe von Querverbindungen für die tägliche Schreibarbeit ausgebildet hat. Doch bereits die Dauer eines eifrigen Studienjahrs oder einer intensiven Recherchephase im Rahmen der Abschlussarbeit mag hinreichen, um den Bereich einer kritischen Masse zu erreichen, ab der Sie von den Inhalten überrascht sein werden. Man mag staunen, was einem nach einigen Monaten schon wieder entfallen ist, die Datenbank hingegen noch in jedem Detail bereithält. Schon aus diesen Gründen empfiehlt es sich also, am besten gleich zu Beginn des Studiums, jedenfalls möglichst frühzeitig, die Arbeit an einem persönlichen elektronischen Textgedächtnis aufzunehmen.

---

65 Luhmann (1981), S. 225.

# Schritt 5
# Verfassen

> „Erst wenn man Zeilen schreibt, kann man logisch denken, kalkulieren, kritisieren, Wissenschaft treiben, philosophieren – und entsprechend handeln. Vorher dreht man sich in Kreisen."
> Vilém Flusser, *Die Schrift. Hat Schreiben Zukunft?*, 1987

Für Kafka konnten die äußeren Bedingungen, um in eine angemessen versunkene Schreibhaltung zu gelangen, kaum tief und dunkel genug sein. „Ich brauche zu meinem Schreiben Abgeschiedenheit, nicht ‚wie ein Einsiedler', das wäre nicht genug, sondern wie ein Toter. Schreiben in diesem Sinne ist ein tieferer Schlaf, also Tod, und so wie man einen Toten nicht aus seinem Grabe ziehen wird und kann, so auch mich nicht vom Schreibtisch in der Nacht."[66] Etwas büroalltäglicher, jedoch nicht weniger wach und wachsam ergibt sich das Schreiben für Durs Grünbein, „wenn mindestens drei Unbekannte zusammengekommen sind und jeder von ihnen ist hochkonzentriert. Die eine Person diktiert, die andere prüft das Gesagte mit wachsender Skepsis, und Nummer drei sieht den beiden dabei streng auf die Finger. Diese drei Leute, jeder von ihnen, bin ich. […] Ich muß immer warten, bis alle Teilnehmer soweit sind. Der gewünschte Schwebezustand, die ideale Ausgangsposition, kommt oft erst nach zähen Verhandlungen zustande".[67] Ob Sie nun zum Diktat oder zum Friedhof, zum hemdsärmeligen Beamtischen oder zum impulsiven Produzieren neigen, alle möglichen Mittel erscheinen recht, um in den Schreibmodus zu geraten. Rufen Sie Ihre Unbekannten herbei. Auch die angemessene Arbeitskleidung kann zum Gelingen beitragen, so wie der Mediziner den weißen Kittel anlegt tendiert der eine vielleicht zum Samtjacket und die andere zum Blaumann; alles

Prokrastinieren verschieben

66 Kafka (1976 / 1998), S. 412.
67 Koelbl (1998), S. 212.

sollte sich mobilisieren lassen, wenn's denn nur der Wahrheitsfindung dient. Beschwören Sie die Geister, ...ein Flehen um die Gnade des guten Worts? ... Noch besser, nicht noch länger zögern, genug der Präliminarien und Prokrastination. Am besten einfach anfangen.

Erst einmal einen Tee machen. Steht der Schreibtisch nun am richtigen Ort? Herrscht endlich Ruhe in der Arbeitsumgebung? Dann kann es ja losgehen mit dem Schreiben. – Wobei, eigentlich ist ja ein Großteil der Arbeit bereits erledigt. Denn das Exposé steht, das Material ist längst gefunden, inzwischen auch gründlich durchgearbeitet, sorgfältig exzerpiert; der Zettelkasten beziehungsweise die Literaturdatenbank sind dementsprechend prall gefüllt und warten darauf, nun endlich angezapft zu werden. Zusammen mit dem Exposé (Grundriss) bildet das während der Lektüre allmählich verfeinerte Inhaltsverzeichnis (Aufriss) die Struktur der Arbeit, die Sie nun eigentlich nur noch mit Argumenten und den entsprechenden Belegstellen sowie eigenen Gedanken anreichern müssen, indem Sie alles zusammen in einen ausformulierten, kohärenten Text bringen. Sie schreiben (eine) Geschichte, diese hat nach Aristoteles' *Poetik* einen Anfang, eine Mitte und einen Schluss. Im Rahmen der fünf Produktionsstadien der Arbeit (vgl. Seite 28) findet sich diese Aufgabe in den Schritten der *dispositio* und der *elocutio* wieder. Darunter versteht man die Abfassung des Texts beziehungsweise die Produktion der Argumentation im engeren Sinne.

Gerüst, Aufbau

Erneut stellt sich hier die Frage nach der genauen Bauform des Texts. Die Antwort findet sich einmal mehr im guten alten griechischen Rhetorikschema, das – ähnlich wie im Briefschema des barocken Kanzleistils, also den Grundregeln zur Abfassung eines frühneuzeitlichen Schreibens – mit einem klassischen Aufbau aufwartet. Dieser folgt dabei einem Grundgerüst oder Standard, der allerdings je nach Notwendigkeit entsprechend modifiziert werden kann, sofern es die Plausibilisierung des Arguments erfordert:

**exordium** Einleitung. Am besten beginnen Sie Ihren Text – gerne auch einzelne Kapitel – mit einem paradigmatischen Beispiel, also etwa mit einem Bild oder Gemälde, einer literarischen Szene, einer Photographie, einem Aphorismus, einer historischen Anekdote, einer besonders prägnanten Textstelle, die stellvertretend für Ihr

Themenfeld stehen. Durch eine knappe Beschreibung und Analyse können Sie auf diese Weise recht elegant die Grund- und Hauptlinien Ihres Themas und erste argumentative Linien skizzieren.

**narratio** Darstellung des Sachverhalts. Dies ist klassischerweise die Erzählung des Geschehens, mit der Sie Ihre These vorbereiten, um durch Anspielungen, durch geschickt gesetzte Begriffe, durch kleine Umwege eine neue Perspektivierung für den Leser zu eröffnen. Sie umkreisen und konkretisieren hier den Gegenstand Ihres Interesses, breiten das Material aus, um damit das Feld für die Beweisführung zu bereiten.

**argumentatio** Die eigentliche Argumentation und Beweisführung. Hier gilt es, Ihre These zu entwickeln und zu verteidigen, das heißt allfällige Einwände und Kritik zu antizipieren und zu entkräften. Hier analysieren, gewichten, kritisieren, unterstützen, plausibilisieren, verwerfen, bestätigen, entfalten und ergänzen Sie einzelne Aussagen und Entwicklungen, die Sie Ihrem Material entnehmen und weiterdenken. Sie bündeln dabei komplexe Prozesse, verdichten sie, oder aber Sie entfalten knappe Bemerkungen durch zusätzliche Evidenz, die Sie an Beschreibungen anfügen, um so eine umfassendere Sicht auf die Dinge herzustellen, als sie vorher bekannt war. Und nicht zuletzt theoretisieren Sie hier das Aufgefundene, das heißt, Sie setzen das Offensichtliche in Beziehung zu dem weniger Greifbaren, perspektivieren einen Sachverhalt neu, indem Sie ihn aus Ihrer persönlichen, um Objektivität und Nachvollziehbarkeit bemühten Sichtweise analysieren. Mit Ihren eigenen Worten schaffen Sie damit das sprachliche Bild eines Vorgangs, das durch die Kombination des Materials, durch die geschickte Reihung von einzelnen Argumenten Stück für Stück Ihre Leitthese untermauert. *Die Hauptaufgabe besteht darin, dem Leser eine Geschichte zu erzählen, die ihn zu neuen Erkenntnissen führt.*

**conclusio** Zusammenfassung. Hier bündeln Sie das zuvor Entwickelte noch einmal, versuchen es zu raffen und zuzuspitzen, um der Argumentation vielleicht noch eine etwas abstraktere

Perspektive, eine erneute Wendung oder prägnante Formulierung abzugewinnen. Auch bietet dieser letzte Textteil die Möglichkeit, einen Ausblick der zuvor entworfenen Thesen und Aussagen zu wagen. Das muss nicht zwangsläufig eine Extrapolation auf die Zukunft sein, sondern kann auch – durchaus spekulativ – die Anschlussstellen der eigenen These an verwandte Diskurse und weitere epistemologische Baustellen beinhalten.

Wenn für die Länge und den Umfang der Argumentation, wie schon erwähnt, das Matrjoschka-Prinzip zur Anwendung gelangt (vgl. Seite 27), so lässt sich diese Figur der Selbstähnlichkeit ebenso auf die Bauform der einzelnen Kapitel anwenden. Mit anderen Worten, so wie der generelle Aufbau Ihres Texts diesem Rhetorikschema folgt, so gilt Gleiches für die einzelnen Kapitel Ihrer Argumentation, die jedes für sich genommen den übergeordneten Argumentationsgang ein wenig weiterbringen. Jedes dieser Kapitel kann wiederum mit einer geschickten Einleitung durch ein Beispiel beginnen und enden mit einem die vorherige Argumentation noch etwas verdichtenden oder resümierenden Schlussteil, der wahlweise auch in einer eleganten Überleitung zum nächsten Kapitel besteht.

Schemen auf allen Ebenen

Nun könnte man meinen, dass der Text allzu schematisch zu geraten droht bei der ständigen Anwendung dieses Schemas auf allen Ebenen. Dem ist freilich entgegenzuhalten, dass je nach Szenario und Aufgabenstellung eines jeweiligen Kapitels natürlich Varianten dieses Schemas höchst willkommen sind. Keine Regel ohne Regelverstoß: Eine gekonnte Abweichung wird der kundige Leser als feine Distinktion zu würdigen wissen. Immer aber gilt die Regel, dass man die Regeln beherrschen muss, um sie zu brechen. Wer aus Unkenntnis die Konventionen verletzt, fällt zumeist als Ignorant auf. Wer hingegen auch nur andeutet, dass die bekannte Vorschrift aus gutem Grund unterlaufen wird, vermag durch diesen bewussten Bruch einen Akzent zu setzen.

Der erste Satz

Anhand eines kleinen Beispiels seien die vier Teile gleich noch einmal kurz durchgespielt. Doch zuvor noch einen Satz zur Eröffnung. Bereits der erste Satz ist außerordentlich wichtig. Nehmen Sie sich die Literatur zum Vorbild. Was für die Belletristik billig ist, kann guter Wissenschaftsprosa nur wohl tun. „Die deutsche Dichtung hebt an mit einem Seufzer",[68] bewegt sich in etwa derselben Liga wie „Lange Zeit bin ich früh schlafen gegangen"[69] oder „Alle glücklichen Familien ähneln einander; jede unglückliche aber ist auf ihre eigene Art unglücklich."[70] Geben Sie sich also besondere Mühe mit den ersten (und auch den letzten) Sätzen Ihres Texts. Sie sind das Billett zu einer im weiteren Verlauf stets neu zu gewinnenden Lesergunst[71] gleichermaßen wie der letzte Eindruck, den Ihr Text hinterlässt. Welche Strategien bieten sich an? Viele. Sie reichen nicht nur von einem monumentalen (Tolstoi) bis zu einem geheimnisvollen Einstieg (Proust). Auch Überraschungen, etwa durch ein gezieltes Unterlaufen der Lesererwartung, können gut funktionieren, beispielsweise wenn ein theoretisch anspruchsvoller Text über die Probleme der Kanonbildung und Höhenkammliteratur mit einem umgangssprachlichen Satz beginnt wie: „Endlich hatten sie einmal Zeit."[72]

Angenommen, wir interessieren uns für Butler. Nein, in diesem Fall nicht für Judith, sondern für die klassische Verkörperung des Kammerdieners. Wir möchten also gerne einen kleinen Aufsatz über jene Figur schreiben, die wie keine zweite mit dem Begriff des Dieners verknüpft ist. Recherchiert haben wir schon, eine These ist überlegt (dazu gleich mehr), das Material liegt bereit. Fangen wir an. ‚Butler sind so gut wie ausgestorben.' – Klingt vielleicht etwas zu darwinistisch. Neuer Versuch: ‚Inzwischen sind sie selten geworden.' – Das ist zwar recht knapp und schürt hoffentlich etwas Neugier (durch das Personalpronomen ‚sie' mag sich der Leser direkt fragen, wer gemeint ist, und er kommt nicht umhin, den nächsten Satz zu lesen ...), aber es deutet vielleicht doch immer noch zu sehr eine Entwicklungsgeschichte an, die wir eigentlich gar nicht erzählen wollen. Wir

Die Einleitung

---

68 Kittler (1995), S. 11.

69 Proust (1908/2000), S. 9.

70 Tolstoi (1877/1959), S. 7.

71 In der klassischen Rhetorik wirbt der Redner (oder Briefeschreiber) für gewöhnlich um die Gunst seiner Zuhörer oder Leser mit bestimmten Gesten und Phrasen, die der *captatio benevolentiae* zugeordnet werden.

72 Hüser (1995), S. 116. Nachdem dem Leser hier neben Ötzi, Reinhold Messner oder Robert Walser noch einige andere (alpine) Mitbewohner begegnen, endet der Text auch ebenso fulminant mit: „Wir sehen uns." Ebd. S. 153.

entscheiden uns daher für die eher epische Variante einer Problematisierung, auch wenn sie prompt vielleicht ein wenig zu lang gerät (kürzen kann man schließlich immer noch): „Wenn man an einen Butler denkt, so assoziiert man spätestens seit der Mitte des 20. Jahrhunderts kaum noch jene ebenso zurückhaltenden wie vornehmen Personen, die einem je nach Herkunft und Stand entweder dienstbeflissen Türen öffnen oder aber mit strenger Miene Anweisungen erteilen." Thomas Mann, Vladimir Nabokov oder Jacques Derrida haben ungleich längere Eröffnungen verfasst.[73]

Wie in einem Roman – denken Sie etwa an Goethes *Wahlverwandtschaften* –, wo die erste Seite bereits voller Andeutungen auf das Kommende steckt und die Dynamik einer künftigen Personenkonstellation anhand einer hochverdichteten Szene *in nuce* (oder in Eduards Baumschule) durchgespielt wird, so nutzen auch wir den ersten Absatz, um das Problemfeld zu umreißen und den Gang unserer Argumentation anzudeuten. Zunächst soll es uns im ersten Abschnitt um die bundesrepublikanische Standardassoziation zum Thema ‚Butler' gehen, indem wir den Silvester-Klassiker *Dinner for One* einer medienhistorischen Analyse unterziehen, bevor wir im zweiten Kapitel mit einem sozialgeschichtlichen Exkurs den Butler vom Kammerdiener (*valet*) unterscheiden. Erst im dritten Abschnitt, nachdem der Leser durch unsere *narratio* auf den notwendigen Kenntnisstand gebracht ist, entfalten wir unsere eigentliche Argumentation, die vor allem die Frage verfolgt, wie die Handlungen des Butlers im Film genau einzuordnen sind. Wir wollen verstehen, was daran das Komische ausmacht und wie man das Verhalten des Butlers auf einer abstrakteren Ebene fassen kann. Daher entwickeln wir unsere Argumentation anhand einer Denkfigur, und zwar anhand der *Routine*, also der

73 Die erste, engbedruckte Seite der *Bekenntnisse des Hochstaplers Felix Krull*, zum Beispiel, weist nur zwei Punkte als Satzendzeichen auf. In *Pnin* und *Die Gabe* kommt Nabokov unterdessen auf jeweils drei. – Nur um Missverständnissen vorzubeugen: Wenn hier die Namen berühmter Schriftsteller stehen, so heißt das freilich nicht, dass sich der Autor dieser Zeilen augenzwinkernd in eine syntagmatische Linie mit den Genannten zu bringen gedenkt. Vielmehr ist dies als eine ernste Aufforderung zu verstehen, sich vorzugsweise die großen Stilisten zum Vorbild zu nehmen.

Abkürzung gleichermaßen wie der gewohnten Handlung, um diese schließlich in unsere zentrale These zur typischen Handlungsweise des Butlers sowie einer knappen ontologischen Einordnung seiner Figur (in einen Zwischenraum, aufgespannt von Regelvollzug auf der einen und Improvisation auf der anderen Seite) münden zu lassen. All das deuten wir in unserer Einleitung bereits an, damit der Leser einen Eindruck unseres Gedankengangs erhält (und gegebenenfalls einen größeren Appetit bekommt, das Folgende zu lesen, oder aber notfalls davon absehen kann, ihn weiterzuverfolgen[74]).

Ein Satz zur Satzweise

Manche Autorentypen durchtanzen gleichsam ihren Text von der ersten bis zur letzten Seite. Ihre Choreographie sieht keine Sprünge vor zwischen den einzelnen Teilen, weil sie sich in der durchaus beneidenswerten Lage befinden, von der ersten bis zur letzten Zeile kontinuierlich durchzuschreiben. „Schauen Sie, es ist bei mir wie bei Kafka. Schreibe ich etwas hin, schon ist es vollkommen."[75] Andere hingegen setzen auf das einstweilige Hantieren mit Stückwerk, auf das allmähliche Anhäufen von Notizen zu den einzelnen Argumentteilen, auf das Zusammenfügen des Entlegenen, das es in einzelnen Bausteinen und Fragmenten aus dem Zettelkasten zu ziehen und an verschiedenen Stellen im Rohentwurf des Texts anzuhäufen gilt, um sodann diese einzelnen Texthaufen ausformuliert in eine argumentativ schlüssige Form und Reihung zu bringen.

Wie genau diese Form aussieht, wird bereits durch Ihren ersten Entwurf, das heißt mit dem Inhaltsverzeichnis festgelegt, wenn zunächst auch nur vorläufig und grob. Hier sind die ersten ordnenden Strukturen identifizierbar, welche Teile der Text umfassen soll, wie sich die Teile aufeinander beziehen, aus welchen Unterabschnitten sie bestehen. Dieses idealerweise nach dem bewährten Rhetorikschema konstruierte Gerüst gilt es nun, mit dem Material anzureichern, das uns die Recherche erbracht hat. Bezogen auf unser Beispiel folgt auf die Einleitung unsere *narratio* in zwei Teilen, die zunächst einige Daten und Fakten, die Hintergründe sowie die Entstehungsgeschichte zu dem berühmten Einakter *Dinner for One* mit Freddie Frinton erzählt.

---

74 Um diesen Lackmustest nachzuvollziehen, vgl. Krajewski (2012).

75 Müller und Handke (1993), S. 100.

Abzapfen

Hierbei bedienen wir uns einerseits des verstreuten Materials, das man von den beteiligten Sendeanstalten erhalten kann, insbesondere vom NDR, der im März 1963 das Stück in der Sendung *Guten Abend, Peter Frankenfeld* erstmalig für ein deutsches Publikum live übertrug. Andererseits greifen wir auf die ebenso dünne wie theoretisch unbefriedigende Forschungsliteratur zum TV-Klassiker zurück, indem wir einige Eckdaten aus Mayr (2002) anführen.

Kammerdiener vs. Kellermeister

Der zweite Teil der *narratio* steht dazu in einem nicht unerheblichen Kontrast, weil hier – buchstäblich – ein ganz anderes Fass aufgemacht wird, indem wir einen historischen Rückgriff in die Geschichte der höfischen Dienerschaft unternehmen, geleitet von der Frage, worin genau sich Butler und Kammerdiener unterscheiden. Während der Aufgabenbereich des einen sich aus dem fürstlichen Weinkeller herleitet (*bouteillier)*, bezieht sich das Amt des anderen auf die königliche *camera*, was traditionell die engste persönliche Verbindung zum Herrscher umfasst, weil der Kammerdiener sich um die Schatulle sowie die persönliche Garderobe des Fürsten kümmert. Uns geht es aber auch darum, den allmählichen Abstieg des Butlers vom mittelalterlichen Erzamt hin zur letzten Schwundstufe eines auf Repräsentation bedachten, verarmten englischen Landadels im frühen 20. Jahrhundert zu umreißen. Hilfreiche Informationen verschalten wir zu diesem Thema vorzugsweise aus den Texten von Kellenbenz (1985), Turner (1962), Horn (1975) und Graf (1997). So wie zur klassischen Aufgabe des Butlers zählt, in seinem Weinkeller die guten Tropfen zu destillieren, so bedienen wir uns im Zettelkasten der passenden Zitate, Argumente sowie der von uns bereits während des Exzerpierens weitergedachten Textfragmente, um so unsere Argumentation zu verdichten und – ebenfalls eine klassische Formulierung – um unsere zuvor gesammelten Exzerpte noch einmal durchzugehen und „das Faß auf Flaschen" zu füllen.[76]

---

76 Jean Paul (1796/1996), S. 772. Der Zettelkasten gibt das Zitat in vollem Wortlaut wieder: „Die Hauptsache ist, daß ich Exzerpten aus meinen Exzerpten mache und den Spiritus noch einmal abziehe. Einmal les' ich sie z. B. bloß wegen des Artikels vom *Tanze* durch, ein anderes Mal bloß über die Blumen, und trage dieses mit zwei Worten in kleinere Hefte oder Register und fülle so das Faß auf Flaschen."

Wenn der Zettelkasten also bereits Notizen, Textbausteine und Ideen in hochdifferenzierter Form bereithält, gestaltet sich das eigentliche Abfassen der Arbeit wesentlich leichter, als wenn wir beim Schreiben das Material erst noch mühsam durcharbeiten und eine kritische Distanz dazu einnehmen müssten. Im Medium Zettelkasten, den Exzerptenheften oder Ihrer Literaturdatenbank wird also ein ganz entscheidender Schritt des Gedankengangs vorweggenommen, indem Sie dort bereits das vordenken, was Sie dann beizeiten für Ihre Argumentation nur noch miteinander zu rekombinieren, neu zu arrangieren und auszuformulieren haben. Insbesondere durch die zeitliche Differenz zwischen einer ersten eingehenden Beschäftigung mit dem Gelesenen beim Exzerpieren und der späteren Abwägung beim eigentlichen Schreibprozess, inwieweit dem jeweiligen Fragment an der entsprechenden Stelle im eigenen Text eine Bedeutung zukommt, ergibt sich bereits eine distanzierte Position gegenüber dem Darzustellenden, was für die kritische Reflexion ebenso hilfreich wie unabdingbar bleibt. Es ist diese Position eines Destillateurs oder, wenn man diesen Kontext bevorzugt, auch die eines DJs, der die einzelnen Elemente auf seine eigentümliche Weise miteinander kombiniert, um daraus etwas ganz Neues zu gewinnen.[77]

Kritische Distanz

Zurück zu unserem Beispiel: Noch gilt es zu klären, wie sich die Aktionen des Protagonisten, die Handlungsweisen des Butlers im *Dinner for One* verdeutlichen und plausibilisieren lassen. Wir wollen unser Verständnis davon mitteilen, was genau da eigentlich (so Komisches) zu sehen ist. Mit unserer *narratio* des Sachverhalts allein kommen wir dabei allerdings nicht weiter. Wir müssen nun selber argumentieren, indem wir die beiden zuvor ausgelegten Erzählstränge, also die Hintergründe des TV-Stücks und die Geschichte des Kammerdieners, miteinander zu einem neuen Narrativ verschmelzen. Schließlich wollen wir zu (er-)klären versuchen, was die Handlungen des Butlers im *Dinner for One* so bemerkenswert, interessant und einzigartig macht. Irgendetwas muss es ja sein, sodass sich die

Narrative argumentativ entwickeln

77 Wie aus der (Re-)Kombination des Gelesenen etwas Neues und vor allem etwas Eigenständiges wird, versucht der Abschnitt Zitieren ab Seite 97 zu klären.

Ausstrahlung dieses Stücks Jahr für Jahr wiederholt, mit keineswegs schwindender Beliebtheit seitens der Zuschauer. Für unsere Erklärung verwenden wir zwei Leitfragen: Was zeichnet die Handlungen des Butlers aus und wohin führen sie? Die hier nur kurz zusammengefasste Antwort auf eine längere Argumentation sieht dann in etwa so aus: Die Aktionen des Butlers bewegen sich in einem Spannungsfeld aus routinierter, gehorsamer Regelbefolgung in seinem Aufgabenbereich und der für einen Diener immer notwendigen, hier aber virtuos zur Schau gestellten Fähigkeit zur Improvisation. Verdeutlicht werden kann dieses Spannungsverhältnis an einer Problemstellung, die im vorliegenden Fall durchaus wörtlich zu nehmen ist, wenn man bedenkt, dass ‚Problem' sowohl im Griechischen wie im Lateinischen für das ‚Vorgelegte' steht. Das Problem der Routine zeigt sich nämlich insbesondere an dem Tigerkopf, über den der Butler ständig – aber nicht immer – stolpert. Im Umgang mit diesem Problem erweist sich der Butler als ebenso findige wie einfallsreiche Figur, die den Raum ihrer Handlungsmöglichkeiten nicht nur immer wieder durchmisst, sondern tatsächlich transzendiert, indem der Butler unversehens den Aufgaben eines Kammerdieners nachkommt. Der Umstand, dass ihn seine Herrin – ganz wie beim klassischen Kammerdiener, dazu verweisen wir ganz gelehrt auf die Schriften des Grafen von Saint-Simon [78] – als besonderen Vertrauensbeweis mit in ihr Bett befördert, macht nicht nur die Schlusspointe des Einakters aus, sondern liefert den historisch fundierten Beweis für unseren abschließenden Befund: ‚Der Butler oszilliert zwischen einem repetitiven Rhythmus, in den ihn das starre Handlungsgerüst seiner Diensttätigkeit gleichsam algorithmisch zwingt, und einem Modus besonderer Beweglichkeit, in den ihn der Moment der Störung – sein Stolpern – zeitweise versetzt und der ihn zu ungeahnten, höheren Aufgaben befähigt.'

Mit dieser These könnte man den Argumentationsbogen möglicherweise bereits schließen, aber wir wollen noch etwas mehr. Denn

78 Saint-Simon (1699 / 1906–19). Den Kammerdienern von Louis XIV. etwa gereicht es zur besonderen Auszeichnung, wenn Sie eingeladen werden, am Fußende des königlichen Bettes zu schlafen, vgl. Da Vinha (2005), S. 21, 23.

wir beabsichtigen nicht zuletzt, das Problem des Butlers zu aktualisieren, das heißt, in unsere gegenwärtigen Kontexte einzuordnen. Als Ausgangspunkt für diese kleine philosophische Theoretisierung dient dabei Henri Bergson und seine Studie über das Lachen, der wir eine Definition des Komischen entnehmen: „Das Komische an einem Menschen ist das, was an ein Ding erinnert. Es ist das, was an einen starren Mechanismus oder Automatismus, einen seelenlosen Rhythmus denken läßt."[79] Mit Hilfe dieser Definition, an der vor allem die Formulierung des ‚Automatismus' wichtig ist, eröffnet sich uns ein neues Feld, um den Butler mit den gegenwärtigen Robotern in Beziehung zu setzen, um zu schauen, inwiefern deren Handlungsrepertoire weniger von ‚starren Mechanismen', sondern inzwischen möglicherweise durch eine einfallsreiche Fähigkeit zur Improvisation geprägt wird. Doch dieser Ausblick auf aktuelle, vor allem aber auf zukünftige Entwicklungen der Robotik markiert bereits die Grenze unserer eigentlichen Argumentation. Diese Überlegung dient in diesem Fall als Weitung der Perspektive, um unseren Text damit zu beschließen.

Theorie, Hilfe!

Noch ein Wort zum Stellenwert der Theorie. Die Einlassung von Bergson dient in unserem Argumentationsgang nicht – oder vielleicht: nicht nur – dazu, unsere Belesenheit oder Vertrautheit mit Geistesgrößen auszuweisen. Neben dem Effekt, dass man die Referenzen auf Theorie in der Wissenschaftsprosa stets auch als „Instrumente von Identitätspolitik" verstehen muss,[80] geht es uns hier nicht um einen berühmten Namen, sondern vor allem um Bergsons Gedanken: Seine Definition ist die Scharnierstelle, die uns die Übertragung der Fragestellung auf aktuelle, an Maschinen statt an Menschen gekoppelte Szenarien ermöglicht. Und in diesem Sinne ist Theorie auch generell zu verstehen: Sie dient nicht (nur) dazu nachzuweisen, dass Sie sich mit komplexen Gedankengängen anerkannter Denker produktiv auseinandersetzen können und deren klangvolle Namen gleichsam eine Patronage über den eigenen Text ausüben. Das auch. Aber vor allem sollte der Einsatz von ausgewählten Theoretikern in

Theorie als Schutzmacht?

79 Bergson (1900/1991), S. 62.

80 Groebner (2012), S. 122, sowie zu Stellenwert und Verwendungsweisen der Theorie allgemein, ebd., S. 117–125.

Ihrem Text ein Mittel zum Zweck sein, und zwar vor allem dazu, mit Hilfe der herangezogenen Theoreme und Denkfiguren Ihr Material zu bündeln und – neu oder anders – zu strukturieren. Nicht umsonst steht *theoria* im Griechischen für ‚Anschauung'. Darin liegt ihr Wert, nämlich mit ihrer Hilfe eine *andere* Anschauung auf das Material zu gewinnen. Oder nochmal anders: Mit Hilfe einer Theorie – und das heißt vor allem mit Hilfe eines bestimmten Fragestils und Fokus auf einen Gegenstand – gelingt es überhaupt erst, dem Material neue Perspektiven abzugewinnen.[81]

Wie bereits kurz angedeutet, dient die *conclusio* dazu, das zuvor Entwickelte noch einmal zu bündeln, zu verdichten, zu resümieren, von einer abstrakteren Ebene aus zu beleuchten, einen Ausblick auf künftige Entwicklungen oder aber verwandte Themenfelder zu wagen. Weil dem Schluss ebenso wie der Einleitung eine besondere Rolle in der Dramaturgie des Texts zukommt, gilt es hier, sich noch einmal richtig Mühe zu geben – nicht zuletzt, weil zunächst nur mäßig interessierte Leser möglicherweise zuerst Ihren Schluss lesen, um zu sehen, zu welchen Ergebnissen Sie gelangt sind. Daher bietet sich hier die günstige Gelegenheit, in Ihrem Text noch einmal zwei, drei Sätze für die Ewigkeit unterzubringen. In seinen 13 Empfehlungen zur *Technik des Schriftstellers* rät Walter Benjamin in These „XI. Den Abschluß des Werkes schreibe nicht im gewohnten Arbeitsraume nieder. Du würdest den Mut dazu in ihm nicht finden."[82] Eingedenk der Tatsache, dass es ebenso ratsam sein kann, die Einleitung ebenfalls erst zum Schluss der Arbeit zu verfassen, weil man erst dann die notwendige Übersicht besitzt, folgt daraus: Um die rahmenden Teile seines Texts zu Papier zu bringen, ist es hilfreich, einen anderen Ort als den gewohnten aufzusuchen. Ein Wochenende oder ein paar Tage mehr am Meer, die Abgeschiedenheit der Berge oder ein anderer ruhiger, inspirierender Ort können kleine Wunder wirken. Denn ein solcher Ortswechsel lässt Sie noch einmal anders auf das bereits Gesagte blicken, und Sie

Der Schluss

81 Wie sehr die gewählte Theorie die zu gewinnenden Aussagen prägt und bestimmt, habe ich einmal an einem historischem Ereignis, dem ersten elektrischen Telegramm von Gauß an Weber 1831 in Göttingen, anhand von drei Szenarien durchzuspielen versucht, vgl. Krajewski (2010), S. 367–387.

82 Benjamin (1928 / 1981), S. 107.

gewinnen die nötige Distanz, um Ihre Argumentation noch einmal zu bündeln, eng zu führen, zu abstrahieren, Ausblicke zu finden und alles in anderen Worten noch einmal zusammenzufassen. All das ist die Aufgabe einer guten Einleitung und einer gewinnenden Schlusspassage.

Für wen Sie schreiben

Für wen schreiben Sie Ihren Text eigentlich? Weil es sich um eine Qualifikationsschrift handelt, sind Ihnen mindestens zwei Leser garantiert, nämlich der Erst- und Zweitgutachter. Das sind schon 0,6 Leser mehr, als einem wissenschaftlichen Text üblicherweise zukommen, liegt doch die durchschnittliche Leseranzahl einer wissenschaftlichen Studie bei 1,4 Personen.[83] Aber man sollte seinen Text keinesfalls an seine Gutachter mit deren Befindlichkeiten und Vorlieben richten. Adressieren Sie stattdessen lieber eine ungleich diffusere, allgemeine, aber aufgeschlossene Leserschaft, die an Ihrem Thema interessiert ist. Zugleich kann man sich seine Leserschaft als nicht ganz ungebildet vorstellen, sodass sie auch ein paar Anspielungen literarischer oder prinzipieller Art verträgt oder gar honoriert. Ihre Aufgabe besteht nun darin, sich dieses anfängliche Interesse nicht zu verscherzen, sondern im Verlauf des Texts weiterzuentwickeln, zu steigern und zu unterhalten. Hilfreich kann dabei ein kleiner Trick wirken: Versetzen Sie sich beim Gegenlesen einzelner Abschnitte Ihres Texts in die Position eines allgemeinen Lesers, der (noch) kein hochspezialisiertes Fachwissen besitzt. Kann er Ihnen folgen? Und prinzipiell gilt natürlich: Verfassen Sie Ihre Abschlussarbeit so, dass sie am Ende publikationsreif ist. Und zwar nicht nur, weil gute Texte nicht in der Schublade verharren müssen, sondern auch, weil Sie damit automatisch eine allgemeinere Leserschaft als nur Ihre Gutachter adressieren.

Stilfragen

Während die Struktur Ihrer Arbeit allmählich Form gewinnt vor Ihrem geistigen Auge, stellt sich nicht nur die Frage nach dem *Was*, sondern auch nach dem *Wie* des Schreibens, mit anderen Worten, welcher Stil ist ratsam und angemessen, um der gestellten Problemlage zu begegnen. Zwar verfügt nicht jeder über die Gabe, für jede feine Nuancierung einer Aussage den passenden Stil in Anschlag bringen zu können. Wie das dennoch gelingen kann, hat Raymond Queneau 1947 in seinen *Stilübungen* vorgemacht, indem er ein und

83 Hüser (1996), S. 37.

dieselbe Alltagsbegebenheit (eine kleine Auseinandersetzung in einem Autobus sowie die zufällige Begegnung mit dem Protagonisten zwei Stunden später) in 99 Varianten schilderte, von denen viele eine der klassischen rhetorischen Figuren zum Ausgang nehmen. Alternativ dazu könnte man noch den barocken Kanzleistil zu Rate ziehen, der immerhin drei Unterscheidungen in eine hohe, mittlere und einfache Stillage kennt. Zumindest kann man sich guten Gewissens an den offiziellen Stilidealen der Briefeschreiber des 17. Jahrhunderts orientieren – auch wenn deren Praxis oftmals anders aussah. Sie lauten: Zweckmäßigkeit, Kürze, Deutlichkeit und Sprachrichtigkeit. Das heißt gerade *nicht*, Umständlichkeit, Verschwurbelung, Gestelztheit und Jargon den Vorzug zu geben, was sich leider, nebenbei bemerkt, noch nicht bis zu allen wissenschaftlichen Schreibtischen der Gegenwart herumgesprochen zu haben scheint.

Schöne Texte schreiben

Wo steht geschrieben, dass sich wissenschaftliche Texte gerade im Vergleich zu literarischen nicht gleichermaßen eines eingängigen, geschmeidigen, präzisen und zugleich wohlklingenden Stils bedienen dürfen? Und wo steht geschrieben, dass wissenschaftliche Texte auf unterhaltende, überraschende und spannende Elemente verzichten sollten? Freilich gibt es Unterschiede zwischen fiktionalen und wissenschaftlichen Texten, aber diese liegen eher darin, dass man sich als Forscher an der Wahrheit, Objektivität und Genauigkeit der Fakten zu orientieren hat. Im Gegensatz zur unbegrenzten Fantasie und dem Erfindungsreichtum der Literaten sind Stringenz und Kohärenz die Tugenden einer wissenschaftlichen Erkenntnis. „Denn es ist die Zuverlässigkeit, die Genauigkeit und die analytische Schärfe seiner Argumentation, die Ihren Text wissenschaftlich macht.“[84] Aber hinsichtlich des Stils kann nur gelten: Orientieren Sie sich an Vorbildern, die Ihnen gefallen, also nicht nur an den Seminarlektüren, die nicht zuletzt zu diesem Zweck ausgewählt worden sind, sondern auch und gerade an literarischen Beispielen. Warum nicht während

84 Groebner (2012), S. 87. Für eine Fülle praktischer Hinweise, woran Sie sich in stilistischen Fragen orientieren können, sei eine genaue Lektüre des gesamten Kapitels „Lesbarkeit. Ein Werkzeugkasten“ in diesem Buch nachdrücklich empfohlen.

der Abschlussarbeit Romane lesen? Am besten Weltliteratur, denn dieser Kanon ist nicht zufällig das, was bleibt. Üben Sie Mimesis an den großen Vorbildern. Und natürlich sollten Sie sich alle zu Gebote stehenden Finessen der Rhetorik zu Nutze machen, *um einen schönen Text zu schreiben*. Darum geht's. Niemand will Uninspiriertes lesen. Mit anderen Worten, arbeiten Sie bei der Konstruktion Ihres Argumentationsgangs mit Spannungsbögen, retardierenden Momenten, gegenläufigen Fügungen, und mobilisieren Sie weitere rhetorische Tricks, sofern es der Vermittlung Ihrer Erkenntnis dienlich erscheint.

Abschließend seien noch kurz drei Untugenden (–) und drei Tugenden (+) angeführt, denen Sie beim Verfassen nach Möglichkeit Beachtung schenken sollten. (–) Auch nach Jahren im Wissenschaftsbetrieb kann man sich noch darüber wundern, wodurch sich manche Autoren stilistisch inspirieren lassen. Woher stammen beispielsweise Formulierungen wie „Der Begriff *[hier einen Begriff nach Wahl einsetzen]*, seine Definition und Verwendung, bereiten vielen Geisteswissenschaftlern schon seit einiger Zeit Schwierigkeiten" oder „Abschließend lässt sich konstatieren, dass das ‚Artefakt' *[hier einen Begriff nach Wahl einsetzen]* Teil vielschichtiger kultureller Diskurse ist und einen Strang im ‚Gewebe der Kultur' darstellt", obwohl sie sich für gewöhnlich weder in der Seminarliteratur noch in anderen publizierten Texten finden lassen, die zum Vorbild dienen könnten? Wie werden diese ungelenken Phrasen und Blüten im Stil eigentlich tradiert? (+) Versuchen Sie stattdessen, besonders *sprachsensitiv* zu sein. Achten Sie nicht nur kritisch auf das von Ihnen Geschriebene, insbesondere inwiefern die idiomatischen Standards eingehalten sind und ob nicht noch Überflüssiges zu streichen ist. Auch kann man auf den Klang der Worte horchen und mitwiegen im Rhythmus des Gesagten. Lautes Vorlesen hilft. (– –) Schreiben Sie so wenig Metatexte wie möglich. Mit schlechtem Beispiel voran gehen solche Behauptungen wie „ich auf den vorherigen Seiten bereits gezeigt habe, …" Fast immer gilt hier: Das ist überflüssig, weil man es ja gerade selbst gelesen hat. Auch wenn nichts gegen inhaltliche Bezugnahmen innerhalb eines Texts spricht (vgl. dazu etwa Seite 61 oder Seite 49 in diesem Buch), so sollten Sie mit Formulierungen wie ‚ich bereits gezeigt habe' ohnehin sehr vorsichtig sein. Die wissenschaftliche Bescheidenheit erfordert in diesen Fällen etwas behutsamere Formulierungen, also etwa

Do's and Don'ts

‚wie ich versucht habe zu zeigen'. (++) Setzen Sie statt einer derart unbeholfenen Leserlenkung eher auf Spannung, um sich die Aufmerksamkeit der Rezipienten zu sichern. Auch hier kann ein Seitenblick auf die Bauform von Romanen weiterhelfen, verbunden mit der Frage, was man daraus für das eigene Schreiben lernen kann. (– – –) Vermeiden Sie dunkle Formulierungen à la „Die Seinsgewißheit, in der die Vorgewißheit liegt, im Fortgang der Wahrnehmung und in einem beliebigen Dirigieren der Kinästhesen die zugehörigen Mannigfaltigkeiten einstimmig zu erfüllendem Ablauf zu bringen, erhält sich oft nicht, und doch erhält sich immerfort eine *Einstimmigkeit in der Gesamtwahrnehmung* der Welt, und zwar durch eine eigentlich beständig mitfungierende Korrektur."[85] Obskures zu sagen, fällt leicht. Einen klaren Gedanken in angemessener Weise auszudrücken, stellt derweil die Hauptherausforderung der wissenschaftlichen Schriftstellerei dar. (+++) Setzen Sie daher auf unbedingte Klarheit im Stil. Auch das können Sie abschauen von anderen, den brillanten Vorbildern. Zugleich sollten Sie jedoch auf Originalität setzen, und zwar nicht im Erfinden neuer Begriffe, Phrasen oder im Versuch, das ohnehin längst Bekannte noch einmal mit eigenen Worten zu wiederholen. Bringen Sie vielmehr neue Perspektiven und eigene Thesen ins Spiel. *Sapere aude* lautet die Maxime.

85 Husserl (1936/2012), S. 176, Hervorhebung im Original.

# Schritt 6
# Zitieren

> „Es wurde allerdings zu keinem Zeitpunkt bewusst getäuscht oder bewusst die Urheberschaft nicht kenntlich gemacht. Sollte sich jemand hierdurch oder durch inkorrektes Setzen und Zitieren oder versäumtes Setzen von Fußnoten bei insgesamt 1300 Fußnoten und 475 Seiten verletzt fühlen, so tut mir das aufrichtig leid."
> Karl-Theodor zu Guttenberg, öffentliche Erklärung vom 18.02.2011

Ein wissenschaftlicher Text erfordert üblicherweise einen Anmerkungsteil sowie ein Literaturverzeichnis, das alle Werke auflistet, die Sie für Ihre Arbeit herangezogen und verwendet haben (dazu noch mehr im letzten Schritt „Formatieren", ab Seite 97). Ob es nun bei 475 Seiten gleich 1300 Fußnoten, also fast drei pro Seite sein müssen, sei dahingestellt.[86] Den Eindruck irrwitziger Belesenheit ruft das jedenfalls schon lange nicht mehr hervor. Ohne Zweifel aber bleibt korrekt: Jedem Zitat muss ein Nachweis folgen, welcher Schrift es entstammt. Und auch jeder Gedanke, den man nicht explizit zitiert, sondern aus einem anderen Text als Anregung aufgenommen hat und in der eigenen Argumentation weiterführt, muss als solcher freilich ausgewiesen werden. Es empfiehlt sich dabei, mit dem Nachweis solcher Literaturangaben nicht zu lange warten. Denn eine der aufwendigsten und zeitraubendsten Angelegenheiten besteht am Ende darin, einem fertig geschriebenen Text die Belege der verwendeten Literatur im Nachhinein zuzuordnen. Oft wird es schwierig, die richtige Stelle noch zweifelsfrei auszumachen, weil es Monate her ist, dass man sie sah. Oder man muss sie – sofern nicht bereits elektrifiziert in der

Gedanken nachweisen

86 Zumal die Statistik nicht stimmt: Von den Paratexten abgesehen bleiben laut <de.guttenplag.wikia.com> 393 Seiten, von denen auf 371 Seiten Plagiate gefunden worden sind; und insgesamt hat das Buch exakt 1218 Fußnoten.

Datenbank – mühsam aus den mitunter umfangreichen handschriftlichen Notizen heraussuchen. Zitate sollen schließlich auf die Seite genau angeben, woher sie stammen.[87] Aus diesem Grund ist es günstiger sich anzugewöhnen, diese Nachweise immer sofort, schon während des Schreibens, in den Text einzubauen. Machen Sie es sich also zur Regel, Einfügungen in Ihren Texten direkt mit dem entsprechenden Beleg (einschließlich der Seitenzahl) zu versehen. Die Tradition der fehlerhaften und ungenauen Zitate lässt sich in der Geschichte der Gelehrsamkeit weit zurückverfolgen, einerseits offenkundig bis in die orale Tradition, andererseits bis zu den Ratgebern der Frühen Neuzeit, wo teilweise ebenso ungenau oder undifferenziert gearbeitet wurde, und zwar selbst bei so einflussreichen Exzerpttheoretikern wie Jeremias Drexel.[88] Aber das kann freilich weder Trost noch Entschuldigung sein.

Warum zitieren?

Aus welchen Gründen, mag man sich manchmal fragen, ist es überhaupt notwendig, zu zitieren? Zum einen, und das haben nicht zuletzt die prominenten Plagiatsfälle deutscher Politiker in den letzten Jahren mehr als deutlich gemacht, geht es beim Zitieren immer auch um Redlichkeit und um den Nachweis, dass man keineswegs alles selbst zu durchdenken in der Lage ist. Vielmehr steht jeder Forscher immer schon in einer überraschend langen, oftmals ihm selbst kaum bekannten Tradition oder, um den so häufig zitierten Satz von Bernhard von Chartres zu zitieren, „auf den Schultern von Riesen“.[89] Und die gilt es, sowohl zu kennen als auch in jedem Text herbeizurufen (für lat. *citare*), und zwar, indem man sie namentlich nennt (in den Fußnoten, im Literaturverzeichnis), und zwar alle, auf deren Schultern und Schultersschultern man zu balancieren versucht. In diesem Sinne ist jedes Zitieren eine kleine Verneigung und ein Zugeständnis an die Tradition des Fachs, in dem man sich bewegt.[90] Zum Zweiten benötigt jede Argumentation Freunde und Feinde, sei es zur Unterstützung, sei es zur (Ver-)Schärfung. Diese kann man mit Hilfe der

87 Oder wäre Ihnen mit einer Angabe wie: ‚Zum Gesetz der großen Zahl vgl. auch Musil 1932 / 1987‘ geholfen? Wer will schon zwei dickleibige Roman-Bände nach einer derart vagen Angabe durchblättern?

88 Vgl. Blair (2004), S. 1000.

89 Vgl. Merton (1965 / 2004), S. 43, 152 ff.

90 Vgl. Laermann (1985), S. 672.

Zitate ebenso schnell zur Fahne rufen wie auch wieder – wahlweise nach kleineren Scharmützeln oder großer Schlacht – davonziehen lassen. Vor allem aber gelingt es mit Zitaten, den Sound des Vergangenen einzuspielen. Nur so können Sie den eigenen Text mit einem anderen Beat unterlegen; mit Störgeräuschen aus weiteren Stimmen oder dem Wohlklang längst vergangener Zeiten vermögen Sie mehr als nur einen Akzent zu setzen, etwa mit einer famosen Soloeinlage von Leopold Fonck, eingerückt, abgesetzt und mit geringerem Zeilenvorschub (bei Zitaten, die im Original mehr als vier Zeilen umfassen, wählt man üblicherweise diese Art der Hervorhebung, dann allerdings ohne Gänsefüßchen):

> Eines der besten äußeren Kennzeichen, um den Dilettanten auf irgendeinem Gebiete der Wissenschaft von dem methodisch geschulten Arbeiter zu unterscheiden, bietet wohl die Zitationsweise. Wir heben kurz einige wichtigere Punkte hervor.
>
> Zitieren bedeutet im allgemeinen, aus den Quellen die Belege für eine Behauptung erbringen oder ein fremdes Wort oder Urteil anführen, um es einer Prüfung zu unterziehen oder zur Stütze der eigenen Anschauung zu verwenden. Gewöhnlich wird Zitat im letzteren Sinne aufgefaßt als eine Berufung auf das Urteil eines anderen zur Bestätigung der eigenen Ansicht. Es gehört also in diesem Sinne, wie wir es vornehmlich hier betrachten, zu den Autoritätsbeweisen.[91]

Es geht also um Distinktion. Hier, beim Zitieren trennt sich die Spreu vom Weizen: ‚Zeig mir Deine Zitate, und ich sag Dir, welch' Geistes Kind Du bist.'[92] Gerade ein so langes Zitat wie das von Fonck bedarf – wie alle anderen natürlich auch – der Kommentierung durch den Zitierenden. Denn nichts kann man einfach so stehen lassen in der Annahme, es spräche schon für sich selbst. Hier sind immer Sie gefragt, indem Sie deutlich machen, wie Sie das Herbeigerufene für den eigenen Argumentationsgang verwenden, wie Sie das Gesagte in Ihren

91 Fonck (1908), S. 254.

92 Dieses Zitat kommt ohne Nachweis aus und steht in einfachen Anführungszeichen, weil es kein wörtliches ist, sondern meine Abwandlung von zwei Sprichwörtern, die hier zudem noch eine wörtliche Rede simulieren.

Kontext einbetten. Ferner gilt es beim Zitieren noch zu beachten, „(1) nicht ganz selbstverständliche Dinge durch Belege zu bestätigen".[93] Für den Nebensatz, dass auf den Regen immer wieder der Sonnenschein folgt, benötigen Sie also umgekehrt keinen Nachweis beispielsweise aus meteorologischen Traktaten. Wohl aber benötigt man die genaue Stelle, wenn man dieses Beispiel aus dem Asterix-Band *Der Seher* zitiert. „(2) Die fremde Autorität, welche zur Bestätigung einer Sache angerufen wird, muß für das betreffende Gebiet und für die fragliche Sache wirklichen Wert besitzen."[94] Mit anderen Worten: Zitieren Sie Quellen nur aus erster Hand und verwenden Sie keine veraltete Forschungsliteratur. „(3) Der Sinn des zitierten Urteils muß mit der Ansicht übereinstimmen, für die es angeführt wird."[95] Absolute Selbstverständlichkeit; es sei denn, Sie wollen den Kontext gezielt unterlaufen.[96] Und schließlich: „(4) Im allgemeinen ist es sehr zu empfehlen, im Zitieren Maß zu halten und nicht allzu viel mit fremden Autoritäten zu operieren."[97] Genau. Eigentlich hätte ich diese Passage besser selbst, also ohne den Einsatz von Foncks Zitaten, schreiben sollen. Ansonsten verliert man noch den Überblick, bei nicht einmal 110 Fußnoten auf 118 Seiten.

Wie zitieren?

Noch im ausgehenden Mittelalter wurde vorzugsweise nach dem Hörensagen zitiert.[98] Der Grund ist vergleichsweise simpel: In Zeiten ohne geregelte Fernleihe unter (Kloster-)Bibliotheken und in Ermangelung von standardisierten Buchseiten konnte die Referenz auf eine Textstelle sich schließlich allenfalls auf individuelle Handschriften und Ausgaben beziehen, also auf Unikate und deren Abschriften. Erst mit dem Buchdruck werden Exemplare einer Ausgabe identisch und dank Paginierung auch einzelne Textstellen adressierbar. Verbunden mit der allmählichen Durchsetzung von Zitatzeichen (Gänsefüßchen) im 16. Jahrhundert etablieren sich auch die gängigen Standards des Zitierens,

93 Fonck (1908), S. 255. Beachten Sie, dass hier nicht der ganze Satz zitiert wird und daher der Punkt hinter dem Ausführungszeichen folgt.

94 Fonck (1908), S. 255.

95 Fonck (1908), S. 256.

96 Vgl. zu einer ebenso lehrreichen wie eindrucksvollen Stelle Hüser (1995), S. 129 f. und Fußnote 36.

97 Fonck (1908), S. 256.

98 Vgl. Menke (2002), S. 274.

also das Gebot, sauber, buchstabengetreu, mit größter Sorgfalt und Genauigkeit den Text aus der fremden Schrift zu übernehmen. Dann bleibt nur noch die Frage, in welcher Form man dem Zitat den Nachweis anfügt. Prinzipiell kann man zwischen zwei weit verbreiteten Systemen wählen, zwischen dem amerikanischen und dem deutschen, womit Zitieren erneut zur Stilfrage wird. Welchem Zitierstil nun der Vorzug zu geben sei, müssen Sie für sich entscheiden, sofern Ihnen diese Entscheidung nicht von einem Verleger abgenommen wird. Wichtig ist nur, dass Sie – anders als hier, wo beide Stile auf einer Seite in Aktion zu sehen sind – ganz strikt einheitlich vorgehen. Denn einerseits können Sie gemäß des sogenannten „Harvard-Systems" (Chernin, 1988, S. 1063) einfach eine Sigle hinter das Zitat einfügen, wobei diese Abkürzung dann am Ende des Texts in derselben Form im Literaturverzeichnis auftauchen muss, damit der Leser dort die kompletten bibliographischen Daten einsehen kann. Das System geht auf den Harvard-Zoologen Edward Laurens Mark zurück, der 1881 in einem Aufsatz diese "parenthetic author-year citation" etablierte (Chernin, 1988, S. 1062), was sich, neben zahlreichen Varianten und Derivaten, rasch und bis heute großer Verbreitung in der angloamerikanischen Wissenschaftswelt erfreut.[99]

Amerikanisch oder Deutsch

Im Gegensatz dazu können Sie andererseits einfach auf die gute alte deutsche Fußnote setzen, deren Entstehungsgeschichte Anthony Grafton ebenso unterhaltsam wie gelehrt nachgezeichnet hat.[100] Viel wäre zur großartigen Geschichte der Fußnote hier noch einzuflechten, aber dazu müsste man Grafton so viel zitieren, dass Sie ihn besser gleich selbst lesen. An dieser Stelle soll daher nur ein praktischer, seinerseits zitierfähiger Satz stehen: Alle Fußnoten enden mit einem Punkt. Immer. Sie sind als ein syntaktisch vollständiger Satz zu lesen und zu verstehen.

---

99 Was der Duden für die deutsche Rechtschreibung ist, ist seit 1906 das *Chicago Manual of Style* für die richtige Zitierweise nach dem amerikanischen System, vgl. Harper (2010).

100 Vgl. Anthony Grafton, *Die tragischen Ursprünge der deutschen Fußnote*, dtv, München, 1995. Abweichend von dem hier ansonsten gepflegten Hybrid aus Siglen in Fußnoten weist diese Anmerkung direkt alle bibliographischen Informationen nach. In einem Aufsatz müsste der Titel daher nicht noch eigens im Literaturverzeichnis erscheinen. Macht er hier, in einem Buch, aber natürlich trotzdem, schon aus Gründen der Vollständigkeit.

Wie von Leopold Fonck bereits oben angedeutet, tut man gut daran, sich beim Zitieren auf Autoritäten zu berufen. Damit sind weniger einzelne Autoren gemeint, die im Augenblick als *big shots* gehandelt werden. Solche Zuschreibungen gehorchen den Gesetzen der Mode, sie kommen und gehen. Vielmehr geht es darum, auf das gesicherte Wissen zu setzen. Dazu zählen sicher *nicht*: Wikipedia oder anderweitige, ‚mal eben schnell gegoogelte' Informationsbruchstücke. Das Problem von Wikipedia und seinen Derivaten besteht einfach darin, dass deren Fundus einer zu hohen Dynamik und Störmöglichkeit unterworfen ist.[101] Klar, darin liegt auch ein gewisser Vorzug, wenn ein Lexikoneintrag bereits das Sterbedatum einer Person nachweisen kann, drei Tage bevor der Grabdeckel zufällt. Doch die wissenschaftlichen Informationszyklen sind ausgreifender. Geschrieben wird schließlich nicht für die tagesaktuelle Information, sondern – im besten Fall – für die Ewigkeit. Und dazu sollten Sie sich auch auf jene Quellen stützen, die mit einem ähnlichen Anspruch gefertigt worden sind. Mit anderen Worten, ziehen Sie den Eintrag zum ‚Papyros' im *Pauly-Wissowa* dem entsprechenden Wikipedia-Artikel vor, auch wenn Sie für den ersten (noch[102]) in die Bibliothek, für Letzteren nur *online* gehen müssen. Setzen Sie auf die Originaltexte und nicht (ausschließlich) auf die abgekochten Zusammenfassungen und vorverdauten Abschnitte in den einschlägigen Einführungsbändchen. Lesen und zitieren Sie Kant und Kittler, Luhmann und Butler statt irgendwelche öden Adepten aus der dritten Reihe, nur weil es zufällig Ihre Gutachter sind.

Was zitieren?

Auch wenn sich manche Autoren einer überaus großen Beliebtheit erfreuen, so macht ein verstärktes Interesse deren Texte keineswegs sakrosankt. Für einen kritischen Leser gibt es schlechterdings keine

---

101 Vgl. dazu auch den entsprechenden Abschnitt auf Seite 45 dieser Anleitung. Für Ihren Gutachter bleibt es ein ganz einfacher Indikator: Wer Wikipedia zitiert, zeigt damit an, dass er/sie zu bequem gewesen ist, sich der richtigen Fachliteratur zuzuwenden, oder, schlimmer noch, sie gar nicht kennt.

102 Auch der *Pauly-Wissowa* wächst langsam in einer Online-Ausgabe, vgl. <de.wikisource.org/wiki/Paulys_Realencyclopädie_der_classischen_Altertumswissenschaft> Zugriff: 08.04.13, wo das Lemma zu ‚Papyrus' im Moment jedoch noch nicht abrufbar ist.

heiligen Texte. Die Autorität von Texten rührt also nicht von der Berühmtheit ihrer Autoren her. Auch entlegene, bis dato vollkommen vergessene Schriften, die Sie im Rahmen Ihrer Recherche wiederentdecken, können eine hohe heuristische Relevanz besitzen. Darin liegt der Wert der obskuren Quelle, die Sie zur Trouvaille machen. Niemand hat ihr Beachtung geschenkt, vielleicht über Jahrhunderte. Vom Autor weiß man nicht viel. Wen kümmert's, wer spricht? Doch Sie lesen darin einige schlagende Ideen nicht nur für Ihre zentrale Fragestellung und führen den unbeachteten Text, versehen mit erläuternden Kommentaren und Einordnungen, zurück in den Diskurs, wo er dank Ihrer Initiative fortan größere Beachtung und Rezeption findet. Diese Erinnerung, Aufbereitung und Fortführung des Vergessenen ist eine außerordentlich verdienstvolle wissenschaftliche Leistung.

Vom Wert des peripheren Wissens

Zitate sind also eine Form der Erinnerung gleichermaßen wie ein produktives Element in einer neuen Kompilation, die in einem anderen Zusammenhang, nämlich dem Kontext Ihrer Arbeit, in affirmativer oder kritischer Absicht auftauchen, um damit ihrerseits neue Kontexte zu stiften. Die Zitate sind dann als ein Ensemble verschiedener Stimme und Klänge zu verstehen, die Sie – einmal mehr wie ein DJ – zu etwas Neuem, Eigenen mischen. Mit dieser Verfügungsgewalt über die fremden Stimmen ist zugleich eine gewisse Macht über die Sprache anderer verknüpft. Was sonst als das Zitieren verschafft einem die Gelegenheit, Adolf Hitler auf Reinhold Messner treffen zu lassen[103] oder den Heiligen Thomas von Aquin auf Nick Cave, weil sich beide intensiv mit Dämonen befassen? Insofern folgt die Versammlung der Zitate der DJ-Logik eines Remix, der das Entlegene miteinander in Beziehung setzt und zu einer neuen Form verbindet.

DJ-Culture

Ob es nun besondere Fundstücke sind, wichtige Theoriereferenzen, prägnante Formulierungen oder literarische Sequenzen, stets stellt sich die Frage, wie sich die herbeigerufenen Stimmen eigentlich zu Ihrer eigenen verhalten. Sind Sie ihnen ausgeliefert wie Goethes Zauberlehrling dem Überfließenden, oder können Sie über sie gebieten wie General Stumm von Bordwehr über seine Rekruten? Oder noch kritischer gefragt, inwieweit entsteht denn durch die bloße Kombination

Kombinatorik, Eigenes & Fremdes

103 Vgl. Hüser (1995).

von verschiedenen Quellen etwas Neues, vor allem aber etwas Eigenes?[104] Entscheidend für die Souveränität Ihres Texts bleibt weniger die Anzahl als vielmehr die analytische Durchdringung der Zitate, also Ihre Fähigkeit, das Entlehnte nicht nur zu kombinieren, sondern vor allem zu kommentieren, einzuordnen und für Ihren Argumentationsgang fruchtbar zu machen. Die dazu nötige Distanz gewinnen Sie bereits mit der ersten kritischen Lektüre, sodann mit der kommentierenden Übernahme der wörtlichen Zitate und reformulierten Exzerpte in den Zettelkasten, daraufhin mit der Durcharbeitung der Exzerpte im Zettelkasten und schließlich mit dem wohlproportionierten Umfüllen des Gesammelten und Erinnerten in Ihren Text durch das Abzapfen des Fasses auf Flaschen.

Bei diesem mehrstufigen Prozess der Übernahme geschieht das selbständige Weiterdenken, indem man die Ausschnitte – in Form von Schlagworten – seinerseits mit Schnittkanten versieht, an denen man anderweitig und später bei der Arbeit am Text wieder ansetzen kann. Bereits diese Satzarbeit, das Rekombinieren und Neuverschalten macht den Gedankenkomplex zu etwas Eigenem, weil es bei hinreichender analytischer Durchdringung zu originellen Ergebnissen führt, die nur man selbst so sieht, die man allerdings – und hier kommt wieder die Kunst der Rhetorik ins Spiel – auch noch durch die eigene Sprache verständlich machen muss. Die Transformation des Fremden in das Eigene beim Schreiben lässt sich daher als ein mindestens zweiteiliger Prozess verstehen: Zum einen vollzieht es sich durch die homogenisierende Auswahl und Zusammenfügung des Heterogenen in Form von Zitaten und Anregungen anderer Autoren mit Hilfe des Zettelkastens, zum anderen durch die analytische Durchdringung, die kritische Reflektion, die Verknüpfung des Gesagten mit eigenen Ideen und Deutungen, sprich, durch Ihr souveränes Weiterdenken der vorhandenen Standpunkte.

Einverleibung

104 Als Gegenposition muss man nicht zwangsläufig an K.T. zu Guttenberg denken, sondern könnte in der Gutenberg-Galaxis noch ein wenig weiter zurückgehen, etwa zu Herrn K. von Bertolt Brecht, der ‚Originalität' als eine Zehntel Verknüpfung der neun Zehntel von Zitaten versteht, vgl. Brecht (1930/1971), S. 19.

# Schritt 7
# Formatieren

> „Nachdem Goethe begriffen hatte, daß große Einschiebsel oder Streichungen viel Arbeit machen und den Satz verderben, bemühte er sich, bei seinen Korrekturen die geänderten Wendungen oder Worte in der Anzahl der Buchstaben möglichst dem ursprünglichen Satze anzupassen."
> Walter Schleif, *Goethes Diener*, 1965

Wenn Sie an diesem Punkt angekommen sind, haben Sie's schon fast geschafft. Morgen ist Abgabe. Sie haben die Abschlussarbeit fertig geschrieben, eventuell gar schon Korrektur gelesen und überarbeitet. Nun fehlt nur noch die angemessene Formatierung und die Ausrichtung der Fußnoten, denken Sie möglicherweise, was noch in dieser Nacht zu schaffen sei(n muss). – Das wäre allerdings eine ganz falsche Konzeption und Vorgehensweise. Gut Ding will Weile haben. Eine sehr gute Arbeit setzt auf ein angemessenes Verhältnis von Inhalt und Form. Und Letztere muss genauso aufwendig präpariert werden wie Ersterer. Also, zurück zum Anfang. Wir schreiben den ersten Absatz nochmal neu: Sie haben's schon fast geschafft, der Text ist eigentlich fertig, nächste Woche ist Abgabe. Aber bis dahin ist noch viel zu tun. Zunächst gilt es, den Text etwas ruhen zu lassen. Wie bei einem Käse, der auch erst reifen muss, um schmackhaft zu werden. Der Grund hier liegt weniger in Fermentationsprozessen als in einer gewissen zeitlichen Distanz, die notwendig ist, damit Sie den eigenen Text erneut kritisch und das heißt in diesem Fall *wie mit fremden Augen* ansehen können. Vor Ihnen liegen also noch zwei wichtige Punkte: Einerseits die Endkorrektur, also die akribische Durchsicht des Ganzen auf orthographische Fehler und korrekte Interpunktion, die letzte Gelegenheit, stilistische Grobheiten zu korrigieren und – am besten in einem zweiten Korrekturgang, einmal ist keinmal – Ihrem Text den letzten Feinschliff zu verpassen. Andererseits erfolgt noch die Formatierung, also das satztechnische und typographische In-Form-Bringen

Ihres Gedankengangs, die Sie während der Textreifung vornehmen können und der abschließend noch ein paar Worte gewidmet seien.

Formatieren heißt in Form bringen. Nicht jeder ist allerdings ein Johannes Gutenberg, der ohne nennenswerten Anlauf die typographischen Regeln in perfekter Ausgewogenheit den Nachgeborenen gleich für alle Ewigkeit in seiner 42-zeiligen Bibel vor Augen führte. Auch ist nicht jeder ein Jan Tschichold, der mit großem Erfolg eine *neue typographie* entwickelte, indem er die Bauhaus-Ideen in die Schriftgestaltung einführte. Wir anderen müssen auf entsprechende Hilfen und Medien zurückgreifen, das heißt, uns mit einer passenden Software befassen.

Wenn Sie nicht nur einen inhaltlich glänzenden, sondern ebenso einen typographisch ansehnlichen, ausgewogenen, mit allen ästhetischen Vorzügen des Computerschriftsatzes arrangierten Text lesen wollen, sollten Sie *nicht* mit Word oder den anderen üblichen What-you-see-is-what-you-get-Programmen arbeiten. Warum? Weil Sie hier satztechnisch soviel falsch machen können, angefangen bei der fehlenden Silbentrennung, über die falsch eingestellte Sprache bis hin zu unkorrigierten Wortabständen zwischen *kursivierten* und aufrechten Schriftarten. Wenn Sie einen ausgewogenen Textsatz lesen wollen, sollten Sie auf Schriftsatzsysteme vertrauen. Die können das einfach besser.

Wenn Sie nicht nur einen inhaltlich glänzenden, sondern ebenso einen typographisch ansehnlichen, ausgewogenen, mit allen ästhetischen Vorzügen des Computerschriftsatzes arrangierten Text lesen wollen, sollten Sie *nicht* mit Word oder den anderen üblichen What-you-see-is-what-you-get-Programmen arbeiten. Warum? Weil Sie hier satztechnisch soviel falsch machen können, angefangen bei der fehlenden Silbentrennung, über die falsch eingestellte Sprache bis hin zu unkorrigierten Wortabständen zwischen *kursivierten* und aufrechten Schriftarten. Wenn Sie einen ausgewogenen Textsatz lesen wollen, sollten Sie auf professionelle Schriftsatzsysteme vertrauen. Die können das einfach besser.

Abb 5 Dasselbe nochmal, aber anders. Der Absatz, gesetzt in der Linotype Syntax mit LaTeX (oben) und mit Word (unten), inkl. einiger Hinweise auf Satzfehler

Sofern Sie mit den Ergebnissen von Word eigentlich ganz zufrieden sind, können Sie diesen Absatz getrost überspringen. – Wer etwas mehr ästhetischen Ehrgeiz besitzt und kein Experte in Word ist, der tut gut daran, auch keiner zu werden. Diese Lebenszeit sollte man sich besser sparen, um sie auf eine Beschäftigung mit dem kostenlosen, gemeinfreien Schriftsatz-System LaTeX zu verwenden. Wer bislang noch keinerlei Erfahrung mit Programmier- oder Auszeichnungssprachen (wie HTML oder XML) hat, mag durch das hier zum Einsatz gelangende Prinzip zunächst etwas irritiert sein. Denn es erfordert anfangs, ein wenig umzudenken, sowie etwas Einarbeitung. Dafür gelingen schon nach kurzer Zeit die routinierten Schreibabläufe umso reibungsfreier. Programmabstürze gehören der Vergangenheit an. Und die Ergebnisse Lob von LaTeX
auf dem Papier sprechen für sich. Abgesehen davon, dass Sie durch eine riesige Fülle an Zusatzpaketen wirklich alles auf einer Papierseite veranstalten können, was eine noch so komplexe Abschlussarbeit überhaupt erfordern mag, inkl. verschiedener Alphabete (αλφάβητο, Кирилица, אָלֶפְבֵּית צִבְרִי usw.), **Frakturschriften** oder vielstimmiger Musikpartituren. Das Schöne an LaTeX ist nicht nur die Vereinigung von Ästhetik und Präzision gepaart mit dem geballten typographischen Wissen seit Johannes Gutenberg, sondern vor allem, dass diese typographische Expertise im Hintergrund für Sie arbeitet, ohne dass man etwas davon mitbekommen muss. Angefangen bei den Algorithmen, die den Satzspiegel berechnen, bis hin zu den Original-TeX-Schriften, die von niemand geringerem als Hermann Zapf entworfen wurden, steht mit LaTeX ein außerordentlich mächtiges System bereit, das jeden erdenklichen typographischen Wunsch erfüllen kann. Das Beste aber ist: LaTeX zwingt Sie von Anfang an, den Text strukturiert zu schreiben. Die einzige Schwierigkeit besteht vermutlich darin, dass LaTeX nicht innerhalb von zwei Tagen in Fleisch und Blut übergeht, auch wenn es inzwischen Anleitungen gibt,[105] die eine steile Lernkurve und die Beherrschung des Programms innerhalb von 157 Minuten versprechen. Fangen Sie also besser nicht erst auf den letzten Metern an, Ihre Textverarbeitung zu wechseln. Zumal wenn gerade am Ende der Arbeit die Zeit etwas knapp wird und Sie sich nicht noch auf Experimente

---

105 Vgl. Oetiker et al. (2011).

einlassen wollen, so lohnt sich auf jeden Fall ein ruhiger Blick auf diese andere Art zu schreiben entweder lange vor oder erst nach der Abgabe Ihres Texts.[106] Denn die nächste (Abschluss-)Arbeit kommt bestimmt.

Gern gemachte Fehler

Unabhängig davon, welcher Schreibsoftware Sie nun den Vorzug geben, gibt es einige Fehler, die man tunlichst vermeiden sollte. Aus Gründen der Zeitökonomie – wir sind spät dran – folgt lediglich eine knappe Auflistung:

**Tippfehler** Buchstabendreher, Velwechsrungen und ihresgleichen sind leider kaum zu vermeiden. Abhilfe: Schalten Sie, sofern es Sie nicht zu sehr ablenkt, die Eingabekontrolle beziehungsweise die Rechtschreibkorrektur Ihrer Schreibsoftware an. Beachten Sie aber, dass man diese zunächst anlernen muss, bevor sie die gängigen Fachbegriffe Ihrer Disziplin verstehen wird.

**Orthographische Fehler** Diese sind lästig, zeugen sie doch von einer mangelnden Beherrschung der Sprache, in der man seine Arbeit abfasst. Abhilfe (für Deutsch) bietet der *Duden (Neue) Rechtschreibung*, wo Sie die wichtigsten Regeln auf den ersten Seiten nachlesen können. In anderen Sprachen finden Sie analoge Werke, also etwa den *Larousse* für Französisch oder den *Webster* für Englisch.

**Wilde Schriftmischungen** Wirbeln Sie keinesfalls einfach verschiedene Schriften durcheinander, also in der Überschrift etwa eine Sans Serif, während Sie im Fließtext eine Garamond verwenden. Das sieht nicht zwangsläufig gut aus. Zur Abhilfe können Sie sich an vier Regeln orientieren: Eigentlich sollte man, erstens, im gesamten Dokument stets innerhalb einer Schriftfamilie bleiben, also etwa durchgängig eine Garamond verwenden. Man kann, zweitens, wenn es denn sein soll, sehr unterschiedliche Schriften mischen, die wenig Ähnlichkeiten miteinander haben. Alternativ dazu kann man, drittens, Schriften mit ähnlichen Strukturen mischen, also etwa zwei edle Schriften mit unterschiedlicher Strichstärke. Wichtig dabei ist aber, viertens, stets darauf zu achten, dass die Mittellängen

106 Siehe dann auch Schlosser (2012).

übereinstimmen. Referenzgröße dafür ist jeweils der Buchstabe ‚x' einer Schrift, anhand dessen sich Vergleiche ziehen lassen.

**Schlimmer Satzspiegel** Abhilfe: Rand lassen. Das Wichtigste bei der Formatierung des Seitenlayouts besteht darin, der jeweiligen Seite ausreichend Rand einzuräumen. (Buchstäblich:) Auf der einen Seite benötigt man ihn zur Bindung, auf der anderen Seite kann der Gutachter davon für seine Korrektur kaum genug bekommen – denkt er, manchmal. Überhaupt noch ein Wort zur Korrektur. Wie korrigiert man eigentlich einen Text? Dafür gibt es standardisierte Korrekturzeichen. Wo findet man die? In jedem *Duden. Die deutsche Rechtschreibung*, vorne, auf den ersten Seiten. Auch hier lohnt sich die Mühe einer Aneignung, sofern es nicht Ihr letzter Text sein soll.

**Typographische Grobheiten** Also zum Beispiel die fehlende Unterscheidung zwischen einem Halbgeviertstrich – so sieht der aus – und einem Trenn-Strich. Oder aber: "englische Anführungszeichen" in einem deutschen Text. *Also, better avoid using „German quotation marks" in English written texts.* Aber "quotes from the English language" in deutschen Texten müssen tatsächlich in englischen Anführungszeichen stehen. Abhilfe und Orientierung bietet eine nicht nur optisch vorzügliche Kurzzusammenfassung der wichtigsten typographischen Feinheiten, die Christoph Bier (2009) auf nur zwölf Seiten zusammengestellt hat.

**Formale Schlampigkeit** Weil die Zeit am Ende äußerst knapp wird, verzichten Sie wider besseres Wissen auf ein (akribisches) Endlektorat? Abhilfe: ein akribisches Endlektorat. Das *muss* sein. Am besten, den Text ein paar Tage ruhen lassen, um ihn dann mit etwas Distanz auf seine formale Korrektheit hin zu lesen. Wenn Sie sie nicht ohnehin schon aus dem Effeff beherrschen, sollten Sie sich zwischenzeitlich mit den derzeit geltenden Rechtschreibregeln vertraut machen. Auch hier hilft der aktuelle Duden zuverlässig weiter.

**Alle Daten weg!** Wieso sind plötzlich die besten Passagen im Text nicht mehr auffindbar? Aus unerklärlichen, computermystizistischen Gründen erweisen sich die schönsten Formulierungen als gelöscht. Abhilfe: Tägliche – oder, falls Sie zu datentechnischem Chaos neigen, auch stündliche – automatisierte Backups.

Fehlt nicht noch etwas, am Ende des Texts? Die ehrenwörtliche Erklärung, dass Sie nicht Gutenberg sind und plagiiert haben, ja, die muss freilich noch rangehängt werden. Doch noch einen Schritt davor, da gehört das vollständige Verzeichnis all jener Schriften hin, die Sie zuvor verwendet haben. Genauso werden hier jedoch auch jene Texte aufgeführt, die Sie im weiteren Zusammenhang, zur Hintergrundinformation und als allgemeine Literatur herangezogen haben. Auch wenn Sie mit aller Sorgfalt Ihre Belege im Text stets mit Fußnoten oder Siglen versehen haben, so muss am Ende einer akademischen Qualifikationsschrift noch ein Literaturverzeichnis stehen, damit die Gutachter auf einen Blick die verwendete Literatur überschauen können. Um diese Liste nicht eigens noch mühselig zusammenstellen zu müssen, ist es ratsam, hier erneut den elektronischen Zettelkasten oder Ihre Literaturdatenbank zu mobilisieren. Meist verfügt derartige Software über Funktionen, welche die gesamte, für die aktuelle Arbeit ausgewählte Literatur automatisch aufzulisten erlauben. Dabei markieren Sie während Ihrer Arbeit am Text jene Einträge, die Ihnen als Arbeitsmaterial dienen, speichern diese als Liste ab, um am Ende des Schreibprozesses diese sukzessive gewachsene Aufzählung abzurufen und an Ihren Text als Literaturverzeichnis anzufügen. Mit LaTeX, nebenbei bemerkt, wird dieses Verzeichnis vollautomatisch generiert. Manche Literaturverwaltungen erlauben zudem, mehrere Listen zu führen, etwa für die Schriften, die Sie sich während des Schreibens noch aus der Bibliothek besorgen müssen, oder für eigenständige, thematisch gebündelte Bibliographien beziehungsweise eben für das Literaturverzeichnis am Ende der Arbeit. Wichtig bei jeder Form der Liste ist derweil, dass Sie strikt auf Einheitlichkeit achten, das heißt, die jeweiligen Formatvorgaben oder -entscheidungen streng durchhalten. Selbstständig erschienene Schriften, also Bücher- und Zeitschriftentitel, stehen kursiv, und zwar nicht etwa, weil's so schön aussieht, sondern damit der Leser auf einen Blick weiß, nach welchem Teil der Angabe man recherchieren muss.

Automatisierte Literaturverzeichnisse

Was macht man eigentlich mit dem ganzen Material, das sich während der Schreibphase in dem Dokument angesammelt hat und nun auf den letzten Metern doch keine Berücksichtigung mehr findet? Wenn Sie mit Word und einem Zettelkasten arbeiten, in dem es ohnehin gespeichert bleibt, spricht nichts dagegen, das Material aus der Satzvorlage ersatzlos zu streichen. Als LaTeX-Benutzer haben Sie es ungleich einfacher, denn Sie können das Material einfach im Dokument an jenen Stellen belassen, wo es bei einer eventuellen Revision oder Neuauflage des Texts zur Ausarbeitung kommen könnte, und zwar einfach, indem Sie es als Kommentar kennzeichnen. Dieser bleibt zwar im Dokument an der richtigen Stelle, erscheint aber nicht auf der Seite im Druck. Diese Möglichkeit versetzt Sie in die Lage, auf mehreren Ebenen zugleich zu arbeiten und das Ganze abzuschließen und zugleich als *work in progress* zu halten.[107]

Umgang mit Unfertigem

Kein akademisches Gesetz schreibt vor, den deutschen oder finnischen Wald durch Ihre Abschlussarbeit doppelt so stark abholzen zu lassen, wie es eigentlich erforderlich wäre. Kein Gutachter hat so viel anzumerken, dass er dazu noch die Rückseite eines jeden einseitig beschriebenen Blatts benötigte. Man kann also dieses satztechnische Relikt des Schreibmaschinenzeitalters und jener Ära, als Kopierer noch keinen Duplexdruck beherrschten, geflissentlich ignorieren. Warum nicht das Papier guten Gewissens beidseitig bedrucken, bevor Sie es feierlich – und vielleicht auch ein wenig stolz – zum Buchbinder tragen?

Keine drucktechnischen Einseitigkeiten

107 Zur Theorie dieses Konzepts vgl. Knuth (1984); zur Geschichte dieser Praktik siehe derweil Krajewski und Vismann (2009).

## Danksagung

Das in diesem Buch Beschriebene geht nicht nur auf eigene Erfahrungen in Bibliotheken, Archiven oder am Schreibtisch zurück, sondern es bezieht ebenso die Ergebnisse von kontinuierlichen Diskussionen mit Studierenden in Berlin, Cambridge, Mass., Lüneburg und Weimar mit ein, wo im Gespräch die großen Fragen und kleinen Probleme (oder vice versa) erörtert wurden, die mir beim Verfassen nicht wenige Anregungen geben konnten. Großer Dank für kritische Anmerkungen, gute Hinweise und hilfreiches Gegenlesen gebührt Armin Schäfer, Harald Liehr, Harun Maye, Jasmin Meerhoff und Valentin Groebner. Gewidmet sei das Buch A. und O., das heißt weniger den Abkömmlingen vom Anfang und Ende des griechischen Alphabets, sondern vor allem der ersten ebenso wie der hoffentlich nicht letzten Leserin.

# Literaturverzeichnis


Algazi, Gadi, 2005. „Geistesabwesenheit". Gelehrte zu Hause um 1500. *Historische Anthropologie*, 13, Nr. 3, S. 325–342.

Baker, Nicholson, 2005. *Der Eckenknick oder wie die Bibliotheken sich an den Büchern versündigen.* Rowohlt, Reinbek bei Hamburg.

Benjamin, Walter, 1928 / 1981. Einbahnstraße. In: ders., *Gesammelte Schriften*, Band IV.1, S. 98–140. Suhrkamp, Frankfurt am Main.

Bergson, Henri, 1900 / 1991. *Das Lachen. Ein Essay über die Bedeutung des Komischen*, Band 757 von *Sammlung Luchterhand.* Luchterhand, Frankfurt am Main, 2. Auflage.

Bernheim, Ernst, 1889 / 1914. *Lehrbuch der historischen Methode und der Geschichtsphilosophie. Mit Nachweis der wichtigsten Quellen und Hilfsmittel zum Studium der Geschichte.* Duncker & Humblot, Leipzig, 5. und 6., neu bearb. und verm. Auflage.

Beth, Ignaz, 1915. *Jahr 1913*, Band 12 von *Internationale Bibliographie der Kunstwissenschaft.* Behr, Berlin.

Bickenbach, Matthias, 1999. *Von den Möglichkeiten einer „inneren" Geschichte des Lesens.* Max Niemeyer, Tübingen.

Bier, Christoph, 2009. typokurz – Einige wichtige typografische Regeln. zvisionwelt.wordpress.com/downloads#typokurz. Letzter Zugriff: 20.12.2012.

Blair, Ann, 2004. Note Taking as an Art of Transmission. *Critical Inquiry*, 31, Nr. 1, S. 85–107.

Blair, Ann, 2010. *Too much to know. Managing scholarly information before the modern age.* Yale University Press, New Haven u. a.

Borges, Jorge Luis, 1941 / 1974. *Die Bibliothek von Babel. Erzählungen*, Band 9497 von *Reclam Universal Bibliothek.* Reclam, Stuttgart.

Brecht, Bertolt, 1930 / 1971. Originalität. In: ders., *Geschichten vom Herrn Keuner*, S. 19. Suhrkamp, Frankfurt am Main.

Charbel, Ariane, 2008. *Schnell und einfach zur Diplomarbeit. Der praktische Ratgeber für Studenten. Auch geeignet für Bachelor und Master!* Bildung-und-Wissen, Nürnberg, 7., aktualisierte Auflage.

Chernin, Eli, 1988. The"Harvard system": a mystery dispelled. *British Medical Journal*, 297, Nr. 22, S. 1062–1063.

Da Vinha, Mathieu, 2005. *Les valets de chambre de Louis XIV.* Pour l'histoire. Perrin, Paris.

Diderot, Denis und le Rond d'Alembert, Jean (Hrsg.), 1751–1765. *Encyclopédie, ou Dictionaire raisonné des sciences, des arts et des métiers, par une societé de gens de lettres.* David Briasson, Durand le Breton, Paris.

Eco, Umberto, 1977/2010. *Wie man eine wissenschaftliche Abschlußarbeit schreibt. Doktor-, Diplom- und Magisterarbeit in den Geistes- und Sozialwissenschaften*, Band 1512 von *UTB*. facultas.wuv, Wien, 13., unveränderte Auflage.

Eder, Franz X., Berger, Heinrich, Casutt-Schneeberger, Julia und Tantner, Anton (Hrsg.), 2006. *Geschichte online. Einführung in das wissenschaftliche Arbeiten*. Band 2822 von *UTB*. Böhlau, Wien, Köln und Weimar.

Erasmus, Desiderius, 1528/1995. Dialogus cui titulus Ciceronianus sive De optimo dicendi genere = Der Ciceronianer oder Der beste Stil, ein Dialog. In: ders., *Ausgewählte Schriften. Lateinisch und Deutsch*, Band 7, S. 2–355. Wissenschaftliche Buchgesellschaft, Darmstadt, 2. Auflage.

Fischer, Norbert, 1988. *Chronik 1913*. Die Chronik-Bibliothek des 20. Jahrhunderts. Tag für Tag in Wort und Bild. Chronik, Dortmund, 2., überarb. Auflage.

Fonck, Leopold, 1908. *Wissenschaftliches Arbeiten. Beiträge zur Methodik des akademischen Studiums*, Band 1 von *Veröffentlichungen des biblisch-patristischen Seminars zu Innsbruck*. Rauch, Innsbruck.

Franck, Norbert und Stary, Joachim (Hrsg.), 2011. *Die Technik wissenschaftlichen Arbeitens. Eine praktische Anleitung*. Band 724 von *UTB*. Schöningh, Paderborn, 16. Auflage.

Frenzel, Herbert Alfred und Frenzel, Elisabeth, 1953/2004. *Daten deutscher Dichtung. Chronologischer Abriß der deutschen Literaturgeschichte*. dtv, München, 34. Auflage.

Goethe, Johann Wolfgang von, 1801/1994. Tag- und Jahreshefte. In: ders., *Goethe Werke. Autobiographische Schriften*, Band 10 von *Hamburger Ausgabe*. dtv, München, 10., durchgesehene Auflage.

Graf, Henriette, 1997. Das kaiserliche Zeremoniell und das Repräsentationsappartement im Leopoldinischen Trakt der Wiener Hofburg um 1740. *Österreichische Zeitschrift für Kunst und Denkmalpflege. Wiener Hofburg. Neue Forschungen*, 51, S. 571–587.

Grafton, Anthony, 1995/1998. *Die tragischen Ursprünge der deutschen Fußnote*, dtv, München.

Grimm, Jacob und Grimm, Wilhelm, 1854. *Deutsches Wörterbuch*. S. Hirzel, Leipzig.

Groebner, Valentin, 2012. *Wissenschaftssprache. Eine Gebrauchsanweisung*. Konstanz University Press, Konstanz.

Hagen, Wolfgang (Hrsg.), 2004. *Warum haben Sie keinen Fernseher, Herr Luhmann? Letzte Gespräche mit Niklas Luhmann*. Kadmos, Berlin.

Harper, Russell David (Hrsg.), 2010. *The Chicago manual of style. The essential guide for writers, editors, and publishers*. University of Chicago Press, Chicago, Ill. u. a., 16. Auflage.

Heidegger, Martin, 1954/1983. Was heißt Lesen? In: ders., *Aus der Erfahrung des Denkens*, Band 13., I. Abteilung von *Gesamtausgabe*, S. 111. Klostermann, Frankfurt am Main.

Homburg, Heidrun, 1978. Anfänge des Taylorsystems in Deutschland vor dem Ersten Weltkrieg. Eine Problemskizze unter besonderer Berücksichtigung der Arbeitskämpfe bei Bosch 1913. *Geschichte und Gesellschaft*, 4, Nr. 2, S. 170–194.

Horn, Pamela, 1975. *The rise and fall of the Victorian servant*. Gill and Macmillan, Dublin u. a.

Hüser, Rembert, 1995. Frozen Fritz. In: Jeismann, Michael (Hrsg.), *Obsessionen. Beherrschende Gedanken im wissenschaftlichen Zeitalter*, Suhrkamp, Frankfurt am Main, S. 116–153.

Hüser, Rembert, 1996. Stoff geben. *Mitteilungen des Deutschen Germanistenverbandes*, 43, Nr. 4, S. 31–45.

Husserl, Edmund, 1936 / 2012. *Die Krisis der europäischen Wissenschaften und die transzendentale Phänomenologie*. Felix Meiner Verlag, Hamburg.

Jean Paul, 1796 / 1996. Die Taschenbibliothek. In: ders., *Sämtliche Werke*: Abteilung II. Band 3. Jugendwerke und vermischte Schriften. Hrsg. von Norbert Miller, Zweitausendeins, Frankfurt am Main, S. 769–773.

Kafka, Franz, 1976 / 1998. *Briefe an Felice. Und andere Korrespondenz aus der Verlobungszeit*. S. Fischer, Frankfurt am Main.

Kellenbenz, Hermann, 1985. Der Kammerdiener, ein Typus der höfischen Gesellschaft. *Vierteljahrschrift für Sozial- und Wirtschaftsgeschichte*, 72, Nr. 4, S. 476–507.

Kittler, Friedrich, 1995. *Aufschreibesysteme 1800 · 1900*. Wilhelm Fink, München, 3., vollständig überarbeitete Auflage.

Kleist, Heinrich von, 1805 / 2001. Über die allmähliche Verfertigung der Gedanken beim Reden. In: ders., *Sämtliche Werke und Briefe*. Zweiter Band, hrsg. von Helmut Sembdner, dtv, München, S. 319–324.

Klenz, Heinrich, 1919. Gelehrten-Kuriositäten. VI Häßliche und gebrechliche Gelehrte. *Zeitschrift für Bücherfreunde*, 11, Nr. 712, S. 223–228.

Knuth, Donald E., 1984. Literate Programming. *The Computer Journal*, 27, S. 97–111.

Koelbl, Herlinde, 1998. *Im Schreiben zu Haus. Wie Schriftsteller zu Werke gehen. Fotografien und Gespräche*. Knesebeck, München.

Kopp, Detlev und Wegmann, Nikolaus, 1988. „Wenige wissen noch, wie Leser lieset“. Anmerkungen zum Thema: Lesen und Geschwindigkeit. In: Oellers, Norbert (Hrsg.), *Das Selbstverständnis der Germanistik: aktuelle Diskussionen*, Band 1 von *Germanistik und Deutschunterricht im Zeitalter der Technologie. Vorträge des Germanistentags, Berlin*, Max Niemeyer, Tübingen, S. 92–104.

Krajewski, Markus, 2002. *Zettelwirtschaft. Die Geburt der Kartei aus dem Geiste der Bibliothek*, Band 4 von *copyrights*. Kadmos, Berlin.

Krajewski, Markus, 2003. Die Kaffee-Maschine. Zur handelsmächtigen Metaphorik der Programmiersprache JAVA. *Österreichische Zeitschrift für Geschichtswissenschaften*, 13, Nr. 3, S. 87–103.

Krajewski, Markus, 2010. *Der Diener. Mediengeschichte einer Figur zwischen König und Klient*. S. Fischer Wissenschaft. S. Fischer, Frankfurt am Main.

Krajewski, Markus, 2012. Treppauf, treppab. Der Butler, ein Cursor und Bindeglied der Stände. In: Wirth, Uwe (Hrsg.), *Bewegen im Zwischenraum*, Band 3 von *Wege der Kulturforschung*, Kadmos, Berlin, S. 217–236.

Krajewski, Markus und Vismann, Cornelia, 2009. Kommentar, Code und Kodifikation. *Zeitschrift für Ideengeschichte*, Frühjahr 2009, S. 5–16. Themenheft „Kommentar“.

Krünitz, Johann Georg, 1787. *Oeconomische Encyclopädie oder allgemeines System der Staats- Stadt- Haus- und Landwirthschaft, in alphabetischer Ordnung*. Joseph Georg Traßler, Brünn.

Laermann, Klaus, 1985. Vom Sinn des Zitierens. *Merkur. Zeitschrift für europäisches Denken*, 38, Nr. 7, S. 672–681.

Luhmann, Niklas, 1981. Kommunikation mit Zettelkästen. Ein Erfahrungsbericht. In: Beier. H., Keplinger, H. M. und Reumann, K. (Hrsg.), *Öffentliche Meinung und sozialer Wandel: Für Elisabeth Noelle-Neumann*, Westdeutscher Verlag, Opladen, S. 222–228.

Luhmann, Niklas, 1995/2001. Lesen lernen. In: ders., *Short Cuts*, Zweitausendeins, Frankfurt am Main, S. 150–156.

Macho, Thomas, 2003. Shining oder: Die weiße Seite. In: Berz, Peter, Bitsch, Annette und Siegert, Bernhard (Hrsg.), *FAKtisch. Festschrift für Friedrich Kittler zum 60. Geburtstag*, Wilhelm Fink, München, S. 55–62.

Mayr, Stefan, 2002, *„Dinner for one" von A–Z. Das Lexikon zum Kult-Vergnügen; erstmals mit Originaltext und Regieanweisungen*. Eichborns schräge Bücher. Eichborn, Frankfurt am Main.

Meerhoff, Jasmin, 2011. *Read me! Eine Kultur- und Mediengeschichte der Bedienungsanleitung*. transcript, Bielefeld.

Menke, Bettine, 2002. Zitat, Zitierbarkeit, Zitierfähigkeit. In: Pantenburg, Volker und Plath, Nils (Hrsg.), *Anführen – Vorführen – Aufführen. Texte zum Zitieren*, Aisthesis, Bielefeld, S. 273–280.

Merton, Robert K., 1965/2004. *Auf den Schultern von Riesen. Ein Leitfaden durch das Labyrinth der Gelehrsamkeit*, Band 426 von *stw*. Suhrkamp, Frankfurt am Main.

Meyer-Krentler, Eckhardt und Moennighoff, Burkhard, 2012. *Arbeitstechniken Literaturwissenschaft*. Wilhelm Fink Verlag, Paderborn, 15., aktualisierte Auflage.

Meyers Großes Konversations-Lexikon, 1906–1919. *Ein Nachschlagewerk des allgemeinen Wissens*. Bibliographisches Institut, Leipzig und Wien, 6., gänzlich neubearbeitete und vermehrte Auflage.

Müller, André, 1998. Heiner Müller. In: ders., *... über die Fragen hinaus. Gespräche mit Schriftstellern*, dtv, München, S. 155–178.

Müller, André und Handke, Peter, 1993. *André Müller im Gespräch mit Peter Handke*. Publications PNo 1, Bibliothek der Provinz, Weitra.

Müller, Lothar, 2012. *Weiße Magie. Die Epoche des Papiers*. Carl Hanser, München.

Münch, Ingo von, 2006. *Promotion*. Mohr Siebeck, Tübingen, 3. Auflage.

Musil, Robert, 1932/1987. *Der Mann ohne Eigenschaften. Roman. Erstes und Zweites Buch*, Band 13462 von *rororo*. Rowohlt, Reinbek bei Hamburg, neu durchgesehene und verbesserte Auflage.

Nietzsche, Friedrich, 1889. Ecce homo. Wie man wird, was man ist. In: ders., *Der Fall Wagner • Götzen-Dämmerung • Der Antichrist • Ecce Homo • Dionysos-Dithyramben • Nietzsche contra Wagner*, Band 6 von *Sämtliche Werke. Kritische Studienausgabe*, dtv/de Gruyter, München, S. 255–374.

Oetiker, Tobias, Partl, Hubert, Hyna, Irene et al., 2011. The Not So Short Introduction to LaTeX2ε. Or LaTeX2ε in 157 minutes. www.ctan.org/tex-archive/info/lshort/english/, Letzter Zugriff: 03.03.2013.

Ostwald, Wilhelm, 1913. Das papierene Zeitalter. *Wochenblatt für Papierfabrikation*, 44, Nr. 30, S. 2890–2895. Vortrag im Verein Deutscher Papierfabrikanten anläßlich der ordentlichen Generalversammlung, 19. Juni 1913, Dresden.

Petschar, Hans, Strouhal, Ernst und Zobernig, Heimo (Hrsg.), 1999. *Der Zettelkatalog. Ein historisches System geistiger Ordnung*. Springer, Wien, New York.

Pierer, Heinrich August (Hrsg.), 1857–1865. *Pierer's Universal-Lexikon der Vergangenheit und Gegenwart oder Neuestes encyclopädisches Wörterbuch der Wissenschaften, Künste und Gewerbe.* H. A. Pierer, Altenburg, 4., umgearb. und stark verm. Auflage.

Proust, Marcel, 1908 / 2000. *Auf der Suche nach der verlorenen Zeit.* Suhrkamp, Frankfurt am Main.

Rosenbaum, Alfred (Hrsg.), 1914. *Bibliographie der in den Jahren 1912 und 1913 erschienen Zeitschriftenaufsätze und Bücher zur deutschen Literaturgeschichte.* Fromme, Wien & Leipzig.

Rosenfelder, Andreas und Kittler, Friedrich, 2011. „Wir haben nur uns selber, um daraus zu schöpfen". www.welt.de/print/wams/kultur/article12385926/Wir-haben-nur-uns-selber-um-daraus-zu-schoepfen.html, Letzter Zugriff: 03.03.2013.

Saint-Simon, Louis de Rouvroy Duc de, 1699 / 1906–19. *Mémoires de duc de Saint-Simon, pub. par MM. Chéruel et Ad. Regnier fils et collationnés de nouveau pour cette éd. sur le manuscrit autographe avec une notice de M. Sainte-Beuve.* Hachette, Paris.

Schlosser, Joachim, 2012. *Wissenschaftliche Arbeiten schreiben mit LaTeX. Leitfaden für Einsteiger.* mitp, Heidelberg u. a., 4., überarb. Auflage.

Seger, Cordula, 2005. *Grand Hotel. Schauplatz der Literatur.* Böhlau, Köln, Wien und Weimar.

Seger, Cordula und Wittmann, Reinhard G. (Hrsg.), 2007. *Grand Hotel. Bühne der Literatur.* Dölling und Galitz, München u. a.

Stanitzek, Georg, 1992. „0/1", „einmal / zweimal" – der Kanon in der Kommunikation. In: Dotzler, Bernhard J. (Hrsg.), *Technopathologien*, Band 7 von *Materialität der Zeichen, Reihe A*, Wilhelm Fink, München, S. 111–134.

Steinhausen, Georg, 1889. *Geschichte des deutschen Briefs.* Gaertner, Berlin.

Stephan, Heinrich von, 1859. *Geschichte der Preussischen Post von ihrem Ursprunge bis auf die Gegenwart. Nach amtlichen Quellen.* R. Decker, Berlin.

Theisen, Manuel René, 2011. *Wissenschaftliches Arbeiten. Technik – Methodik – Form. Plagiatfrei Erfolg haben!* Franz Vahlen, München, 15., aktualisierte und erg. Auflage.

Tolstoi, Leo N., 1877 / 1959. *Anna Karenina. Roman.* Wissenschaftliche Buchgemeinschaft, Darmstadt.

Turner, Ernest Sackville, 1962. *What the butler saw. Two hundred and fifty years of the servant problem.* Michael Joseph, London.

Ueding, Gert und Steinbrink, Bernd, 1994. *Grundriss der Rhetorik: Geschichte, Technik, Methode.* J. B. Metzler, Stuttgart, 3., überarbeitete und erweiterte Auflage.

Wiegmann, Frank, 1987. *Rationelles Lesen.* Bund, Köln.

Yates, Frances A., 1966 / 1994. *Gedächtnis und Erinnern. Mnemotechnik von Aristoteles bis Shakespeare.* Akademie, Berlin.

Zedler, Johann Heinrich (Hrsg.), 1741. *Grosses vollständiges Universal-Lexikon aller Wissenschaften und Künste, welche bishero durch menschlichen Verstand und Witz erfunden und verbessert worden,* Band 29. Pr–Pz. Zedler, Leipzig, Halle.

# Register

**W**



**Z**

Birgit Huemer
Markus Rheindorf
Helmut Gruber
Abstract, Exposé und Förderantrag
Böhlau UTB